KB059442

집 계약은
처음입니다만

○일부 사용허가가 완료되지 않은 저작물에 대해서 절차가 진행 중입니다. 확인되는 대로 게재 허락을 받고 통상의 기준에 따라 사용료를 지불할 예정입니다.

집 계약은 처음입니다만

초판 1쇄 인쇄 2024년 6월 10일
초판 1쇄 발행 2024년 6월 20일

지은이 신중권 정우현
감수 유병진
펴낸이 이범상
펴낸곳 (주)비전비엔피 · 이덴슬리벨

책임편집 김혜경
기획편집 차재호 김승희 한윤지 박성아 신은정
디자인 김혜림 최원영 이민선
마케팅 이성호 이병준 문세희
전자책 김성화 김희정 안상희 김낙기
관리 이다정

주소 우) 04034 서울특별시 마포구 잔다리로7길 12 (서교동)
전화 02) 338-2411 | **팩스** 02) 338-2413
홈페이지 www.visionbp.co.kr
인스타그램 www.instagram.com/visionbnp
포스트 post.naver.com/visioncorea
이메일 visioncorea@naver.com
원고투고 editor@visionbp.co.kr

등록번호 제313-2009-000096호

ISBN 979-11-91937-46-6 13320

집 계약은
처음입니다만

부동산 계약 초보들을 위한
전월세 사기 예방 가이드

신중권 · 정우현 지음

유병진 감수

이덴슬리벨

모든 세입자가 안전한
보금자리를 찾는 그날까지

2019년 무렵 한 의뢰인이 저희 사무실을 찾아왔습니다. 전셋집을 구해서 살았는데, 보증금을 돌려받지 못하게 되었다는 것이었습니다. 사정을 들여다보니 임대인이 처음부터 전세보증금을 돌려줄 생각 없이 받은 것이 아닐까 하는 강한 의심이 드는 상황이었습니다. 같은 임대인과 공인중개사로부터 피해를 본 사람들이 모여 임대인과 공인중개사를 사기죄로 고소했습니다. 나중에 알게 된 사실이지만 제가 고소 대리한 그들이 속칭 전세 사기범 '1세대'였습니다.

그로부터 약 5년이 지난 지금, 전국 각지에서 전세보증금을 제때 돌려받지 못했다는 사람들이 넘쳐나고 있습니다. 주변에서, 혹은 유명인조차 당할 정도로 이젠 흔한 일이 되어 버렸습니다. 단순히 집주인의 경제적 사정이 나빠져서가 아니라 조직적으로 보증금을 편취하려는 사람들이 있었음이 드러나고 있는 것입니다. 사회초년생과 신혼부부들의 주거 안정에 기여했던 전세라는 제도가 이제는 오히려 중대한 경제적 피해를 입히는 도구가 되어 버렸습니다.

사정이 이러함에도 피해를 입은 사람들이 어떻게 해야 전세보증금을 돌려받고 피해를 회복할 것인지, 전세 사기를 막을 방법은 없는지 그 정보를 찾는 일은 쉽지 않습니다. 정보를 찾으려고 하면 어디서 찾아야 할지 막막하고, 인터넷에는 엄청난 정보가 넘쳐나는 것 같아도 법률전문가가 아닌 입장에서는 그 정보들이 정확한 것인지를 확실하게 알기 어렵습니다. 이래저래 불안한 심정으로 여러 정보를 찾아보고 기관을 찾아가도 피해를 회복하는 것은 어렵기만 합니다.

거액의 보증금이 오가는 전세의 특성상 단 한 번으로도 치명적인 경제적 피해를 입게 됩니다. 이 책은, 결국 전세 사기를 처음부터 당하지 않도록 하는 것이 가장 중요하다는 인식 아래 전세 사기 예방에 꼭 필요한 법률적 정보들을 정확하고 이해하기 쉽게 제공하기 위해 쓰게 되었습니다. 속칭 '1세대' 전세 사기범들이 출몰했을 때 방송이나 언론을 통해 좀 더 적극적으로 전세 사기 피해의 심각성과 그 예방법을 알렸더라면 지금과 같은 전세 사기 피해의 광풍은 막을 수 있지 않았을까 하는 필자의 개인적인 아쉬움과 안타까움 또한 이 책에 오롯이 담겨있습니다.

매달 지급해야 하는 월세에 지쳐서, 혹은 내 집 마련을 위한 목돈을 모으기 위해 전셋집을 알아보는 사회초년생, 신혼부부 혹은 1인 가구가 전세 사기의 위험에서 벗어나 안전한 보금자리를 마련하기 위해 집을 얻기 전, 혹은 얻을 때 체크해야 할 사항은 무엇인지, 그리고 이미 전세 사기를 당했다면 어떻게 대처하고 준비해야 하는지와 같은 반드시 알아야 할 법률적인 사항들을 이 한 권에 담고자 노력했습니다.

우선 이 책에서는 우리나라에서만 활용되고 있는 전세 제도란 무엇인지, 그리고 전세를 포함한 임대차 계약과 관련하여 가장 많이 언급되는 대항력 및 우선변제권의 개념과 성립 요건을 되도록 이해하기 쉽게 설명하려고 했습니다.

그리고 이어서 전세(임대차) 계약을 체결할 때 일반적으로 주의해야 할 사항과 반드시 확인해야 할 사항을 살펴본 후 최근 유행하고 있는 전세 사기 수법인 속칭 '동시 진행' 및 그 예방법을 자세히 언급했습니다. 또한 이미 전세 사기 피해를 당한 상황이라면 그 피해를 최소화하고 가능한 한 빨리 회복할 수 있는 법적 절차에 대해서도 비교적 상세히 기술했습니다.

아울러 전세 사기를 예방하기 위해 여러 기관이 협력하여 개발한 'HUG 안심전세앱'을 소개하고, 지금으로선 전세 사기의 가장 효과적인 예방법이라 할 수 있는 '전세보증금반환보증보험'이 무엇인지, 그리고 전세보증금반환보증보험에 가입하면 무조건 내 보증금을 돌려받을 수 있는 것인지, 받을 수 있다면 어떤 절차를 거쳐야 하는지를 쉽게 알아

볼 수 있도록 정리했습니다.

한편 가장 확실히 전세보증금을 돌려받는 방법이라 여겼던 전세보증금반환보증보험제도에 있어서 최근 법적 분쟁으로까지 이어진 보증 이행 거부 사례 등을 살펴보면서 전세보증금반환보증보험을 통해 안전하게 보증금을 돌려받는 방법도 함께 모색해 보고자 합니다.

이 책 한 권으로 전세와 관련된 모든 법적인 문제를 해결할 수는 없겠지만, **적어도 계약 체결 전후로 반드시 확인해야 할 사항을 정리한 '전세 계약 단계별 체크리스트(136쪽)'만이라도 꼭 지참하고 계약을 체결한다면** 전세 사기 피해를 당하는 억울한 상황을 조금이라도 피할 수 있지 않을까 하는 소박한 바람을 가져봅니다.

부디 이 책을 읽는 모든 독자분들이 전세 사기의 위험에서 벗어나 고된 하루의 피로를 풀고 맘 편히 내일을 준비할 수 있는 안전하고 편안한 보금자리를 마련하기를 기원합니다.

목 차

전세 사기 예방하는 단계별 꿀팁

4장
보증금을 지키는 가장 현실적인 방법

내가 전세 사기 피해자라면?

1장

전세 제도
기초 다지기

전세는 조선시대의 전당(典當)에서 유래됐다는 설이 유력한데, 이는 농지를 담보로 돈을 빌리면서 토지문서를 맡기는 제도였다. 이후 전세 제도는 일제강점기를 거치면서 보편화된 것으로 알려졌다. 1876년 강화도 조약에 따른 3개 항구 개항과 일본인 거류지 조성, 농촌 인구의 이동 등으로 서울의 인구가 늘어나면서 이 제도가 활성화됐을 것으로 추정된다. 이후 1950년대 6·25 전쟁과 1960~70년대 산업화 과정에서 도시의 주택난이 심화되면서 우리나라만의 특수한 제도로 자리 잡게 되었다.

우리나라에만 있는
전세 제도

그 허점과 위험성

[서울의 한 외곽 풍경]

매달 얼마 되지도 않는 월급에서 꼬박꼬박 나가는 월세 때문에 한숨만 깊어지던 사회초년생 A 씨. 어느 날, 비좁은 원룸 월세 생활을 청산하기로 마음먹고 빌라들이 옹기종기 모여있는 서울의 한 외곽 부동산을 찾는다.

공인중개사가 보여주는 몇 개 매물들이 썩 마음에 들지는 않았지만, 그래도 원룸보다는 낫다고 스스로를 위로하며 자신이 어떻게든 융통할 수 있는 최대치인 2억 원에 나온 매물을 고른다. 며칠 후 처음 보는 사람이 집주인이라며 나타나 계약서를 쓰고, 계약 금액의 10%인 2,000만 원을 계약금으로 받아 간다. 이사하는 날, A 씨는 은행에서 대출받은 나머지 잔금 1억 8,000만 원을 집주인에게 송금하고 달뜬 마음으로 새집에 입성한다.

위 장면은 현재도 우리나라 곳곳에서 벌어지고 있는 전세 계약의 풍경이다. 이러한 전세 제도는 우리나라에서만 활용되고 있는 주택 임대차의 한 유형이라고 할 수 있다. 즉, 집을 구하는 사람은 집주인에게 전세보증금이라는 명목으로 계약 기간 동안 무이자로 목돈을 잠시 빌려줌으로써 매달 월세를 안 내서 좋고, 반대로 집주인은 집을 구하는 사람에게 매달 월세를 받지는 못하지만 집을 빌려주는 대가로 무이자로 목돈을 마련할 수 있어 어찌 보면 서로에게 WIN-WIN인 제도이다. 서로 주고받아야 하는 이자와 월세를 퉁쳐서 0으로 만드는 것이라 생각하면 이해하기 쉽다.

이렇듯 전세는 다른 임대차와 달리 별도로 월세를 지급하지 않는다는 점이 가장 큰 특징이다. 그리고 반전세 혹은 월세의 보증금에 비해 상대적으로 고액이어서 일반적으로는 매매가 대비 70~80%에 이르고, 심지어는 매매가 대비 90% 내지 100%에 달하는 경우도 있다. 여기에 전세 제도의 위험성이 있다.

사실 전세 제도는 임대인과 임차인 사이에 신뢰 관계가 없이는 유지되기 어려운 제도다. 임차인은 적게는 몇천만 원에서 많게는 수십억 원을 임대인에게 맡겨두었다가 계약 기간이 종료되면 다시 돌려받는 것인데, 임대인의 경제 능력에 따라서는 그 돈을 돌려받지 못해 막대한 손해를 볼 수도 있기 때문이다.

물론 임차한 주택에 대해 우선변제권을 확보하고 있다면 경매 등을 통해 전세보증금을 돌려받을 수 있지만 경락가의 하락, 최우선변제권자의 존재, 체납세금에 따른 조세채권의 우선변제로 인해 전세보증금 전액을 돌려받지 못하는 상황이 생길 수도 있다. 설사 전세보증금 전액을 돌려받을 수 있다고 하더라도 그 과정에서 필연적으로 겪게 되는 정신적 고통이나 막대한 시간적 손실에 대해선 어디에서도 보상해 주지 않는다. 따라서 임대인의 자산 상태나 세금 체납 여부 등을 확인할 수 있는 법적 장치가 필요한 것이다.

미리 알아두면 좋은 부동산 상식용어

부동산 매물의 종류

전세 계약을 체결하기 위해 주로 선택하게 되는 부동산 매물, 즉 다가구주택, 다세대주택, 아파트, 빌라, 오피스텔 등은 무엇이 다를까?

다가구주택

주택으로 쓰는 층수(지하층 제외)가 3개 층 이하이고, 1개 동의 주택으로 쓰이는 바닥 면적의 합계가 660㎡ 이하이며, 19세대(대지 내 동별 세대수를 합한 세대를 말한다) 이하가 거주할 수 있는 주택으로서 주택법상으로는 단독주택으로 분류된다. 다세대주택과의 가장 큰 차이점은 세대별로 등기가 되는 것이 아니라 하나의 건물에 단독으로 등기가 이뤄진다는 점이다.

다세대주택

주택으로 쓰는 1개 동의 바닥 면적의 합계가 660㎡ 이하이고, 층수가 4개 층 이하인 주택으로서 주택법상으로는 공동주택으로 분류된다.

아파트

주택법상 주택으로 쓰는 층수가 5개 층 이상인 주택을 말한다. 우리나라의 대표적인 주거 형태라고 할 수 있다.

빌라

주택의 한 종류로서, 원래 영어 뜻과 달리 우리나라에서는 4층 이하의 소형 공동주택을 뜻하는 말로 의미가 변화되어 사용되고 있다.

오피스텔

업무를 주로 하며, 분양하거나 임대하는 구획 중 일부 구획에서 숙식을 할 수 있도록 한 건축물로서 국토교통부장관이 고시하는 기준에 적합한 것을 말한다. 오피스텔은 원래 업무를 위한 공간이지만, 우리나라에서는 주거용으로 많이 사용되고 있어 주택법상으로는 준주택으로 분류된다.

타인 소유 주택의 거주 형태

다른 사람 소유의 주택에서 거주하는 형태에는 어떤 것들이 있을까?

(채권적) 전세

통상적으로 전세라고 하지만 민법상의 물권인 전세권과는 다른 개념이다. 이 책에서 다루는 전세는 임대차(채권)의 하나로, 차임의 지급 방식에서 월세나 반전세와 차이가 있다. 전세는 전세보증금이라는 형태로 일시불로 지급하되 계약 종료 후 전액 반환받고 이자로 차임을 대신한다.

물권인 전세권이 등기를 통해 우선적 효력, 물권적 청구권 등의 대세적 효력을 갖는 것과 달리, 채권이기 때문에 원칙적으로 계약의 당사자 외에 제3자에게는 권리를 주장할 수 없다. 다만 세입자를 보호하기 위해 마련된 주택임대차보호법 등의 특례를 통해 주택의 인도, 전입신고, 확정일자 요건을 갖추면 제3자에게도 주장할 수 있는 대항력, 우선변제권 등이 인정된다.

월세 또는 반전세

보증금 외에 매월 차임을 지급하면서 남의 집을 빌려 사용한 뒤 계약 기간이 끝나면 보증금을 돌려받는 주택 임대차의 유형이다. 매달 차임을 지급한다는 점에서 전세와 구별된다.

사글세

임차 기간 동안의 차임 전부를 미리 지급하고 남의 집을 빌려 사용하는 주택 임대차의 유형이다. 보증금을 별도로 맡기지 않고 계약 기간에 해당하는 차임 전부를 미리 지급한다는 점에서 전세나 월세와 구별된다. 현재도 제주도에서 이용되고 있는 연세(年貰)와 실제 임대차 현장에서 자주 계약되는 2개월, 3개월 식의 단기 임대차 계약, 소위 '깔세'가 대표적인 예이다.

임대인의 형태

그럼, 전세 계약 체결에 있어서 상대방이 되는 임대인에는 어떤 종류가 있을까?

임대사업자

공공주택사업자가 아닌 자로서 1호 이상의 민간임대주택을 취득하여 임대하는 사업을 할 목적으로 특별자치시장·특별자치도지사·시장·군수 또는 구청장에게

등록한 자를 말한다[1]. 민간임대주택사업자는 임대주택에 대한 재산세 감면, 종합부동산세 계산 시 과세표준 합산 대상 배제 혜택, 소형주택 임대사업자에 대한 세액감면, 임대주택의 장기보유특별공제 등의 세제 혜택을 받을 수 있다.

임대사업자가 임대차 계약을 할 때는 임차인에게 임대의무기간, 임대료 증액 제한(5%), 임대주택 권리관계(선순위 담보권, 세금 체납 사실) 등에 관해서 설명해야 하며, 2020년 12월 10일 이후 체결되는 임대차 계약의 경우에는 둘 이상의 임대차 계약이 존재하는 다가구주택 등의 선순위 임대보증금에 관해서도 설명할 의무가 있다.

법인 임대인

법인 소유의 건물에 대해 임대차 계약을 체결하는 경우에 있어서 그 임대인을 말한다. 법인 임대인과 임대차 계약을 체결하는 경우에는 임차인의 우선변제권에 앞서는 조세채권, 임금채권, 소액보증금 채권 등 최우선변제권이 있는지 주의해야 한다. 임대인이 법인일 때에도 임차인의 전세자금 대출은 가능하나, 다만, 법인 사업자등록증 종목에 부동산임대업이 기재되어 있어야 하며, 한국주택금융공사(HF)에서 보증서를 발급받은 후에 대출을 받을 수 있다.

또한, 한국주택금융공사(HF) 또는 주택도시보증공사(HUG)에서 전세보증금반환보증보험 가입도 가능하다. 계약 기간 만료 시 임차인은 계약 갱신청구권을 1회 사용할 수 있는데, 임대인이 해당 물건에 실거주하겠다는 이유로 이를 거절할 수 있다. 하지만 임대인이 법인이라면 '임대인의 실거주 목적'은 합법적 거절 사유에 해당하지 않으므로, 이런 점에서는 법인 임대인이 임차인에게 유리하다고 볼 수도 있다.

일반 임대인

임대사업자와 법인이 아닌 임대인을 말한다. 대부분의 임대인이 이에 해당하고, 통상적으로 임대인이라고 하면 일반 임대인을 의미한다.

---

1) 「민간임대주택에 관한 특별법」 제2조 제7호

대항력과 우선변제권

대항력

대항력이란 이미 발생하고 있는 법률관계를 제3자에 대하여 주장할 수 있는 효력을 말한다. 임차인이 임대차 계약을 체결하고 대항력을 갖추고 있는 상황에서 임대인이 주택을 다른 사람에게 매도한 경우, 임차인이 새로운 소유자에게도 '내가 이 집의 정당한 임차인이다'라고 주장할 수 있는 것은 바로 이 대항력 때문이다.

임차인이 대항력을 갖추기 위해서는 주택을 인도받고 주민등록을 마쳐야 한다. 이 경우 전입신고를 한 경우에는 주민등록이 된 것으로 본다.
중소기업에 해당하는 법인이 소속 직원의 주거용으로 주택을 임차한 후 그 법인이 선정한 직원이 해당 주택을 인도받고 주민등록을 마쳤을 때에도 똑같이 대항력이 발생한다.

임차 주택의 양수인(매수인)은 법상 임대인의 지위를 승계한 것으로 보므로, 양수인은 대항력 있는 임차인에게 보증금을 반환해야 하는 의무가 발생한다.

한편 임차인이 대항력 요건을 갖추기 이전에 이미 해당 임차 주택에 근저당권과 가압류 등의 선순위 권리가 존재하는 경우에는 그 후 대항력 요건을 갖추었다고 하더라도 경매 등의 낙찰자(경락자)에게 임차인의 대항력을 주장할 수 없다. 즉 선순위의 대항력을 갖춘 임차인이어야만 완전하게 대항력을 행사할 수 있는 것이다.

그런데, 대항력의 발생 시기와 관련해서는 오랫동안 논란이 있어 왔고, 현재도 진행 중이다.

대항력은 **주택의 인도(이사)와 전입신고를 마친 다음 날 0시**에 효력이 발생한다. 대항력이 이사와 전입신고를 마쳤을 때 바로 발생하는 것이 아니라서 이로 인해 여러 가지 문제가 발생한다. 예를 들어 잔금을 지급하고 이사와 전입신고를 마쳤는데, 이사 당일 임차 주택에 다른 사람 명의로 소유권이전등기가 되거나 근저당권이 설정되는 경우에 소유권이전등기나 근저당권설정등기의 효력은 바로 발생하는 반면, 대항력은 다음 날 0시에 발생하기 때문에 새로운 소유자나 경락자(낙찰자)에게 대항할 수 없게 되는 것이다. 이 문제는 추가적인 피해를 막기 위해서라도 반드시 입법적인 해결이 필요하다.

우선변제권

우선변제권이란 임차인이 임차 주택(대지를 포함)에 대한 경매 또는 공매 절차에서 보증금을 후순위권리자나 다른 채권자보다 우선하여 변제받을 수 있는 권리를 말한다.

임차인은 앞서 설명한 대항력의 요건을 갖추고 임대차계약서에 확정일자를 받으면 우선변제권을 갖게 된다. 따라서 임차인이 우선변제권을 빨리 확보하려고 임대차계약서 작성 후 이사 전에 미리 확정일자를 받는다고 하더라도 대항력의 발생요건인 임차 주택의 인도와 전입신고가 되지 않은 상태이므로 우선변제권의 효력은 발생하지 않는다는 점을 주의할 필요가 있다.

확정일자는 주택 소재지의 읍·면사무소, 동 주민센터(행정복지센터) 또는 시(특별시, 광역시, 특별자치시 제외, 특별자치도 포함)·군·구(자치구)의 출장소, 지방법원 및 그 지원과 등기소 또는 「공증인법」에 따른 공증인이 부여할 수 있다. 실무상 주로 주민센터에서 받는다.

우선변제권은 대항력 요건을 구비한 날과 확정일자를 받은 날 중 늦은 날을 기준으로 발생한다.

전입신고와 확정일자의 순서

주택의 인도 (이사)	전입신고	확정일자	대항력 발생시기	우선변제권 발생시기
① 12월 1일	12월 1일	12월 1일 오후 2시	12월 2일 0시	12월 2일 0시
② 12월 1일	12월 1일	12월 2일 오후2시	12월 2일 0시	12일 2일 오후 2시
③ 12월 1일	12월 1일	10월 1일 오후 2시	12월 2일 0시	12월 2일 0시

①의 경우처럼 이사하는 날 전입신고를 하고 확정일자까지 받으면 다음 날 0시에 우선변제권이 생기지만, ②의 경우처럼 이사하는 날 전입신고는 바로 했으나 확정일자를 다음 날 받는다면, 다음 날 확정일자를 받는 순간에 우선변제권이 생기므로 몇 시간의 공백이 생길 수 있고, ③의 경우처럼 이사와 전입신고 전에 확정일자를 먼저 받더라도 우선변제권은 이사와 전입신고를 마친 다음 날 0시에 발생하므로 확정일자를 먼저 받더라도 우선변제권이 발생하는 것이 아님을 주의해야 한다. 따라서 이사하는 날 전입신고와 확정일자를 모두 받는 것이 가장 일반적이다.

최우선변제권

임차인을 보호하는 또 다른 법적 장치로 최우선변제권이 있다. 최우선변제권이란 임차인이 주택에 대한 경매신청의 등기 전에 대항력 요건을 갖추었다면 보증금 중 일정액을 다른 담보물권자보다도 우선하여 변제받을 수 있는 권리를 의미한다.

최우선변제권이 있는 임차인은 아래 표에서와 같이 일정 보증금액 이하의 보증금으로 임대차 계약을 체결한 임차인이다. 이를 '소액임차인'이라고 한다. 최우선변제권이 인정되려면 소액임차인은 임차 주택에 대한 경매신청의 등기가 되기 전에 대항력 요건을 갖추어야 한다.

확정일자는 최우선변제권의 발생요건은 아니다. 그러나 통상적으로 전세 계약의 보증금은 소액임차인의 경우보다 다액이기 때문에 결국 최우선변제권으로 보호받을 수 있는 임차인의 범위는 한정적이다. 따라서 임차인은 필수적으로 계약서에 확정일자를 받아두는 것을 잊지 말자.

지역	보증금액	최우선변제권 인정 범위	비고
서울	165,000,000원 이하	55,000,000원	「주택임대차보호법 시행령」 제10조 및 제11조
「수도권정비계획법」에 따른 과밀억제권역 (서울 제외), 세종특별자치시, 용인시, 화성시, 김포시	145,000,000원 이하	48,000,000원	
광역시(「수도권 정비계획법」에 따른 과밀억제권역 제외), 안산시, 광주시, 파주시, 이천시, 평택시	85,000,000원 이하	28,000,000원	
그 밖의 지역	75,000,000원 이하	25,000,000원	

2장

전세 사기
이렇게 친다!

전세 사기는 임차인을 속여 보증금을 편취하는 것으로, 사기범들이 임차인을 기망하는 수법에는 여러 가지가 있다. 사기범들의 수법을 사전에 알아야 대응도 할 수 있다. 이 장에서는 임차인을 노리는 다양한 수법들을 소개한다. 독자의 이해를 돕기 위해 대표적인 유형들을 설명했으나, 실제 수법은 여러 유형이 복합적으로 얽혀 있을 수 있다는 점에 유념하자.

세간을 강타한
전세 사기의 유형

우리 집이 깡통이라고?! - 깡통전세 사기

'깡통전세'는 임대인이 은행에서 집을 담보로 대출을 받은 금액과 전세보증금을 합한 금액이 집의 가치(매매시세)의 80%보다 높은 경우를 의미한다. 전세 계약 체결 시에는 담보대출 채무와 전세보증금을 합한 금액이 집의 가치의 80%보다 낮았는데 집값의 하락으로 80%를 초과하게 되는 경우, 즉 역전세가 된 경우도 이에 해당한다.

깡통전세를 이용한 사기 수법은 임차인에게 해당 부동산의 매매 시세를 실제보다 높은 금액이라고 거짓말하여 속이고 높은 전세보증금을 지급하도록 하는 것이다. 예를 들어 실제 매매시세가 2억 원인 빌라에 선순위 담보대출이 없다고 가정했을 때 적정 전세보증금은 2억 원의 80%인 1억 6천만 원 이내이다. 그런데 사기범들은 빌라의 실제 매매시세를 3억 원이라고 속이고, 적정 전세보증금은 2억 4천만 원(3억 원의 80%)이라고 임차인에게 거짓말을 한다. 임차인이 이 금액으로 전세 계약을 체결하면, 결국 임차인은 실제로는 빌라의 매매가보다 높은 금액을 전세보증금으로 지급하는 것이 된다.

경매가 실시될 때 낙찰가는 시세의 70~80% 정도이고, 유찰이 반복되면 그보다도 낮은 금액에 낙찰될 수 있다는 점을 감안하면, 전세 계약 기간이 끝나고 임차인이 보증금을 돌려받지 못해 빌라에 대한 경매 절차가 진행되더라도 임차인이 보증금을 전액 회수할 수 있을지를 장담할 수 없게 되는 것이다.

한편 전세가가 많이 하락했고 임차인에게 보증금을 빼줄 만료일이 다가오는데도 임대인이 보증금 액수를 낮추지 않아 세입자의 애를 태우는 경우가 종종 있다. 명백한 깡통 사기라고 할 수는 없지만, 집을 보러 오는 세입자가 없어 피해는 고스란히 세입자가 입을 확률이 높으니 전세 사기를 의심해 볼 만하다.

신변 꿀팁

계약할 집이 신축건물이라면? 깡통 전세는 구옥보다 주로 신축건물에서 많이 발생해요. 신축건물의 경우 KB 시세가 등록되지 않아 분양가 혹은 감정가로만 가격이 측정되기 때문이죠. 깡통전세의 위험이 있는 만큼 신축건물을 고려할 땐 주변 시세를 꼼꼼히 체크하는 등 더욱 주의가 필요하겠죠?

이 집이 전세가 아니었다고?! - 이중/중복계약 사기

[단독] "공인중개사에게 당했다" 경기 고양서 30억대 '이중계약' 전세 사기

수도권 서북부 핵심 주거지인 경기 고양시에서 청년 등 주거 취약층을 대상으로 한 수십억 원대 전세 사기 사건이 발생했다. 집주인으로부터 전월세 계약 전권을 위임받은 공인중개사가 집주인에게는 월세 계약이라고 속이고, 세입자들과는 전세 계약을 체결한 뒤 전세보증금을 가로채는 전형적인 '이중 거래' 수법을 썼다. 지금까지 확인된 피해자만 50여 명이며, 피해 금액은 최소 30억 원 이상으로 추산된다. 사기 피해 규모는 앞으로 더 불어날 가능성이 크다. _〈2023.06.15. 조선일보 땅집고 이지은 기자, 박기홍 기자〉

더 자세한 기사를
읽고 싶다면 찰칵!

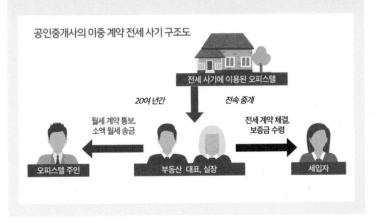

공인중개사의 이중 계약 전세 사기 구조도

전세 사기에 이용된 오피스텔

20여 년간   전속 중개

월세 계약 통보,
소액 월세 송금   전세 계약 체결,
보증금 수령

오피스텔 주인   부동산 대표, 실장   세입자

집주인이 사정이 있어 임대차 계약 체결에 관한 사항을 전부 대리인에게 위임한 상태에서 발생하는 사기 수법이다. 집주인은 월세로 집을 내놓았는데, 대리인인 불법 중개업자들(간혹 공인중개사가 범행에 가담하는 경우도 있다)이 전세 매물을 찾기 위해 부동산중개소를 찾아온 임차인들에게

이 집을 전세 매물이라고 소개하고 전세 계약을 체결한다. 불법 중개업자는 자신이 임대인의 대리인임을 내세워 "세금 문제 때문에 임대인이 직접 보증금을 받을 수 없으니 대리인인 나에게 보내 달라"고 요구하고, 임차인은 그 요구에 따라 보증금을 불법 중개업자에게 지급한다.

불법 중개업자는 임대인에게 임차인을 구해서 월세 계약을 체결했다고 하면서 임차인으로부터 받은 보증금 중 월세 보증금에 해당하는 금액과 4~5개월분의 월 차임에 해당하는 금액을 임대인에게 송금한다. 전세 계약을 체결한 임차인이 월세를 임대인에게 지급할 리 없고, 그렇게 되면 월 차임을 받지 못한 임대인이 금방 이상한 점을 알아차릴 것이기 때문에 4~5개월분의 차임도 한 번에 지급하는 것이다. 나머지 금액은 전부 불법 중개업자가 가져간다.

집주인이 임대인이 아니라고?! - 신탁부동산 전세 사기

"신탁부동산 전세 사기"… 보증금 15억 가로챈 40대 구속

다세대주택 입주민 상대로 신탁부동산 전세 사기를 벌여 15억 원 상당의 보증금을 가로챈 40대가 구속됐다.

대구 북부경찰서는 25일 사기 등 혐의로 다세대주택 소유주 A(40대) 씨를 구속했다. A 씨는 2018년 8월부터 2022년 9월까지 대구 북구 침산동의 한 다세대주택 임차인 16명으로부터 15억 원 상당의 전세보증금을 가로챈 혐의를 받고 있다.

조사 결과 A 씨는 건축비 조달에 필요한 대출을 받기 위해 신탁회사에 부동산 소유권을 넘겨 임대차 권한이 사라졌다. 하지만 "내가 실제 집주인이니 계약에 지장 없고 임대보증금 반환에도 아무런 문제가 없다"고 속이며 범행을 저지른 것으로 드러났다. _ 〈2024.01.25. 뉴시스 정재익 기자〉

더 자세한 기사를
읽고 싶다면 찰칵!

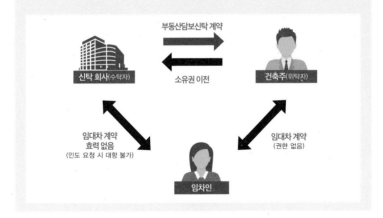

신탁에서 전세 사기가 주로 문제 되는 것은 부동산담보신탁이다. 부동산담보신탁은 건축주가 건물을 지으면서 금융기관에서 돈을 빌릴 때

주로 이용하는 수단이다. 부동산의 관리와 처분을 부동산 신탁회사에 신탁한(맡긴) 후 발급한 수익증권을 담보로 금융기관에서 대출을 받는 것이다. 건축주(위탁자)는 신탁회사(수탁자)와 부동산담보신탁계약을 체결하고 신탁회사 앞으로 부동산의 소유권이전등기를 마친다.

신탁회사의 명의로 부동산의 소유권이전등기가 완료되면 위탁자와 수탁자 사이에서뿐만 아니라 제3자에 대한 관계에서도 부동산의 소유권이 수탁자에게 완전히 이전된다. 이 경우 건축주는 수탁자인 신탁회사의 동의(부동산담보신탁계약의 내용에 따라 우선수익자의 동의도 필요한 경우가 있을 수 있다)가 없다면 전세 계약을 체결할 권한이 없다. 신탁부동산을 이용한 전세 사기범들은 이러한 점을 숨기고 건축주 자신이 임대할 권한이 있는 것처럼 임차인을 속여 임대차 계약을 체결하는 것이다.

임차인이 건축주와 체결한 임대차 계약은 수탁자인 신탁회사에 대해서는 아무런 효력이 없다. 그 결과 임차인은 신탁회사로부터 부동산 인도를 요청받게 되면 보증금을 돌려받지도 못하고 내쫓기게 될 수 있는 것이다.

의심스러운 매물은 피하는 게 상책! 등기사항전부증명서의 소유자란에 '수탁자 주식회사 ○○신탁'이라고 기재되어 있다면, 가능하면 그 매물은 피하세요. 하지만 정 다른 집을 구하기 어렵다면 신탁계약서(신탁원부)를 확인하여 임대차 계약을 체결할 수 있는 권한이 누구에게 있는지 꼭 확인하고, 최소한 신탁회사의 동의를 받아 계약을 체결하는 것이 안전하겠죠?

우리 집이 주택이 아니라고?! - 위반건축물 전세 사기

"전세 사기도 억울한데"… 두 번 우는 '근생빌라' 세입자들

인천 미추홀구 전세 사기 피해자 조모 씨(40대·여)는 요즘 불안한 나날을 보내고 있습니다. 조 씨가 세 든 집은 상업용으로 쓰이는 근린생활시설을 주거용도로 불법 개조한 이른바 '근생빌라'입니다.

지난 2일 국토교통부와 한국토지주택공사(LH)가 전세 사기 피해 주택 중 근생빌라 등 불법건축물은 매입하지 않겠다는 방침을 밝히면서 정부를 통한 피해 구제를 기대하기가 어려워졌기 때문입니다.

전세보증금 6천 2백만 원은 돌려받을 길이 없고, LH가 집을 매입할 가능성도 사실상 사라졌습니다. 지난 4월 한 차례 법원 경매를 통해 새 집주인이 생기나 싶었지만, 낙찰받은 사람이 불법건축물이라는 이유로 낙찰 취하를 하면서 상황은 원점으로 돌아왔습니다.

조 씨는 정부가 보장하는 우선매수권을 활용해 지금 사는 집을 직접 낙찰받을 의사도 있지만, 이때도 불법 근생빌라라는 사실은 걸림돌이 됩니다. 나중에 불법건축물로 적발되면 추가 비용을 들여 원상복구해야 하고, 원상복구 전까지는 매년 이행강제금도 물어야 하기 때문입니다. 위반 정도와 면적에 따라 많게는 1년에 수백만 원까지 물게 됩니다. 〈2023.06.17. 채널A 백승연 기자〉

더 자세한 기사를
읽고 싶다면 찰칵!

근린생활시설로 지어 놓고 나중에 허가 없이 주거용으로 증·개축을 하거나 용도 변경을 하는 경우, 주택 내부에 가벽을 세워 방을 늘리는 등 위반건축물을 이용한 사기도 많다. 이처럼 건축물대장에 기재된 면적과 용도 등을 허가 없이 불법으로 증축 또는 대수선하거나 용도를 변경한 건축물을 '위반건축물'이라고 하는데, 적발이나 신고가 되지 않아 건축물대장에 '위반건축물'이라고 기재되지 않은 건물을 대상으로 마치 적법한 주거용 건물인 것처럼 임차인을 속이고 임대차 계약을 체결하여 전세보증금을 편취하는 사례가 많으므로 주의해야 한다.

위반건축물은 단순히 '위반건축물'이라는 꼬리표로 인한 심적 불쾌감을 주는 데 그치는 것이 아니라 임차인에게 심각한 법적·경제적 불이익을 줄 수 있기 때문에 전세 계약을 체결할 때 각별히 주의해야 한다. 임차인이 위반건축물에 관해 전세 계약을 체결할 때에는 전세보증금반환보증보험 가입이나 전세자금대출 등이 불가하거나 제한될 수 있고, 근린생활시설의 경우에는 경매 절차가 진행되더라도 임차인에게는 우선매수권이 인정되지 않는다. 또한, 낙찰을 받게 되더라도 위반건축물로 단속을 받게 되면 지속적인 이행강제금 부과 등의 불이익을 받을 수 있다.

신변꿀팁

너무 맘에 드는데 위반 건축물이면 어쩌죠? 집 구할 때 상태와 구조가 너무 맘에 들더라도 위반건축물이라면 전세 계약은 피하는 게 좋아요. 다만, 그 집이 너무 맘에 들어 꼭 살고 싶다면 전세보다 보증금이 낮은 월세 계약을 권장합니다. 특히 보증금이 소액임차인의 최우선변제금액에 해당하면 큰 문제가 없으니 가급적 월세 계약으로 진행하세요.

한집에 보증금이 이렇게 많다고?! - 다가구주택 전세 사기

"1000만 원 깎아준대서 좋아했는데 …" 악몽이 된 신혼집[인터뷰+]

"공인중개사가 전세보증금반환보증 가입이 원래 안 되는 매물이라고 했어요. 관련 법을 잘 알고 임대차 계약을 도와주는 공인중개사가 염려 말라고 하니 믿을 수밖에 없었죠. 신혼부부라 보증금 1000만 원 깎아준다는 말에 고맙기까지 했어요. 뉴스에서나 보던 전세 사기 피해자가 졸지에 되고 보니 갓 태어난 아기 자는 얼굴만 봐도 막막하고 눈물이 납니다."

대전 전세 사기 피해자인 직장인 이상기(가명·29) 씨는 전세 계약을 맺은 지난해 7월을 떠올리며 이같이 말했다. 이 씨는 지난해 8월 임차보증금 1억 2000만 원의 대전 소재 신축 다가구주택을 신혼집으로 계약했다. 이때 내린 선택은 한창 신혼 생활의 행복을 누려야 할 이 씨 부부를 고통의 수렁으로 빠트리고 말았다.

"나라는 제대로 된 대책도 없고 더는 버티지 못하겠다."

지난해 2월 28일 인천 미추홀구에서 전세보증금을 돌려받지 못한 사기 피해자 한 명이 극단적 선택을 하기 전 남긴 메시지다. 같은 해 6월 말에도 대전 다가구주택에 거주하던 한 50대 전세 사기 피해자가 숨진 채 발견됐다. 특별법이 제정된 이후 처음으로 알려진 전세 사기 관련 희생자다. 그 또한 사망 당일 아침 다른 피해 세입자들에게 "돈 받기는 틀렸다"고 말했다고 전해진다.

2월 국토교통부 '전세사기피해지원위원회'가 발표한 자료에 따르면, 전세 사기 특별법 시행 후 지난해 6월부터 누적 집계된 전세 사기 피해 건수는 총 1만2928건이다.

피해자의 73.5%는 이 씨와 같은 2030 청년 세대다. 임차보증금이 3억 원 이하인 경우가 96.8%에 달한다. 피해 지역의 경우 63.7%가 수도권이며, 대전광역시가 12.7%로 뒤를 이었다. 1억 원대 빌라 전세를 시작으로 청년들은 돌려받지 못한 보증금 때문에 결혼, 출산 등 미래에 대한 계획을 모두 접어야 할 상황이다. _⟨2024.04.16. 한경닷컴 김영리 기자, 이미나 기자⟩

더 자세한 기사를 읽고 싶다면 찰칵!

다가구주택의 경우에는 한 명의 소유자(임대인)가 같은 건물에 사는 모든 임차인과 임대차 계약을 체결하고 각각 보증금을 받았다가 다시 각각 보증금을 돌려주는 구조이다. 따라서 임차인으로서는 건물 내 자신보다 우선하여 배당받을 수 있는 선순위 임차보증금의 규모를 확인하는 것이 매우 중요하다.

우리 집주인은 도대체 누구야?! - 동시 진행 사기

'동시 진행' 수법의 대상이 되는 부동산은 객관적으로 시세 확인이 어려운 신축 빌라 또는 주택이다. 신축은 매매 거래가 된 사례가 없고, 빌라는 아파트나 오피스텔처럼 공개된 분양 대금이 없어 부동산 전문가가 아닌 사람으로서는 매매시세를 확인하기가 어렵기 때문이다. '매매'와 '임대차(전세)'를 동시에 진행한다는 점 때문에 '동시 진행' 수법이라고 부른다.

예를 들어 'A 빌라'라는 신축 빌라가 있다. 건축주, 분양대행업자, 공인중개사, 부동산 컨설팅업자가 A 빌라로 사기를 치자고 공모한다. 공인중개사는 A 빌라에 전세 계약을 체결하고 입주할 임차인을 찾는 역할을 한다. 전세 매물을 찾아온 임차인에게 "신축이라 괜찮은 집이 있다"면서 A 빌라도 둘러볼 것을 권유한다. 신축이기 때문에 깔끔하고, 구조도 괜찮다. 이왕이면 깔끔한 신축에서 살고 싶은 것이 사람 심리인지라 부동산 전문가인 공인중개사가 권유한다면 큰 문제가 없는 이상 임차인은 처음 자신이 봤던 매물과 다른 A 빌라에서 살고 싶은 생각이 든다.

부동산 컨설팅업자는 건축주로부터 A 빌라의 소유권을 넘겨받고 새로운 임대인으로 나설 사람(속칭 바지사장 역할)을 물색한다. 바지사장이 A 빌라의 소유권을 넘겨받으면서 건축주에게 실제로 지급하는 돈은 없으므로, 바지사장은 돈 한 푼 없는 사람이어도 상관없다.

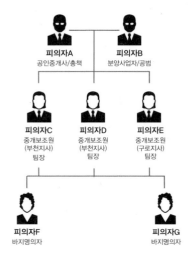

연번	성명	역할
1	A (38세,남)	공인중개사/총책
2	B (39세,남)	분양사업자/공범
3	C (34세,남)	
4	D (36세,남)	중개보조원 (팀장)
5	E (32세,남)	
6	F (39세,남)	바지명의자
7	G (38세,남)	

동시 진행 : 세입자의 전세금으로 매매대금을 치르고 건축주는 이후 바지명의자에게
소유권을 이전하는 전세 사기

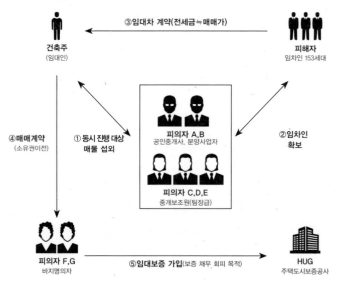

〈출처 : 서울경찰청 2023. 07.18. 보도자료〉

임차인이 A 빌라에 관해 전세 계약을 체결하겠다는 의사를 밝히고 전세 계약이 체결되는 것과 거의 동시에 A 빌라의 새 임대인이 될 바지사장이 정해진다. 건축주와 바지사장은 A 빌라에 대한 매매계약을 체결하고, 매매대금은 전세 계약을 체결할 임차인이 지급하는 전세보증금을 건축주가 받는 것으로 대신하기로 정한다. 임차인은 자신이 지급하는 전세보증금이, 바지사장이 건축주에게 지급할 매매대금이 될 줄은 꿈에도 모르고 건축주와 전세 계약을 체결하는 것으로만 알고 있다.

공인중개사는 임차인에게 A 빌라의 시세를 실제보다 높은 금액으로 알려주고, 전세보증금액이 그보다 낮으니 괜찮다고 알려준다. 임차인들은 부동산 전문가인 공인중개사가 설마 거짓말을 하겠나 싶은 마음에 공인중개사의 말을 믿고 매매 시세보다 높거나 같은 금액에 건축주와 전세 계약을 체결한다. 건축주는 임차인이 지급한 보증금 중에서 매매대금에 해당하는 돈만을 가지고 남는 돈은 공인중개사와 분양대행업자, 바지사장, 부동산 컨설팅업자가 나누어 갖는다. 자기 돈 한 푼 들이지 않고 오히려 돈을 받아 가며 A 빌라의 소유권을 취득한 바지사장은 수백 채의 다른 빌라를 이런 식으로 취득한다.

뒤늦게 임대인이 변경된 사실을 알게 된 임차인은 공인중개사에게 항의하지만 공인중개사는 "임대인이 바뀌면 임대차 계약(전세 계약)은 새 임대인에게 승계되어 아무런 문제가 없다. 새로 바뀐 임대인은 돈이 많은 분이라서 보증금을 문제없이 돌려받을 수 있다"고 하거나 오히려 "내가 그걸 알려줘야 할 의무는 없다"고 화를 낸다. 임차인은 부동산 전문가인 공인중개사가 임대인이 바뀌어도 아무런 문제가 없다고 하니 찜찜한 마음이 들지만 설마 무슨 일이 있겠냐 싶어 믿는다.

전세 기간이 끝날 즈음 바지사장 또는 공인중개사가 임차인에게 연락해 전세 계약을 갱신할 거냐고 묻는다. 2년마다 이사를 다니는 것도 쉬운 일이 아니기 때문에 A 빌라 자체에 큰 불만이 없던 임차인은 갱신하겠다고 한다. 그러자 바지사장이 "요즘 시세가 좀 올랐으니 보증금을 500만 원만 증액하겠다"고 한다. 임차인은 증액된 보증금 500만 원을 바지사장에게 송금하고, 이 금액은 고스란히 임차인의 추가 피해 금액이 된다.

현금 지원을 해준다고? 집 보러 다닐 때 임대인이 높은 전세보증금을 설정해 놓고 이사비 지원이나 대출 이자 지원 등의 형식으로 입주자에게 현금을 주겠다며 계약을 유도하는 경우도 있어요. 반드시 사기라고 할 수는 없지만, 혹시 문제 있는 집은 아닌지 합리적 의심은 해봐야겠지요? 지나친 호의에는 이유가 있다는 사실, 꼭 기억하자고요!

3장

전세 사기 예방하는
단계별 꿀팁

임차인이 이처럼 다양한 수법의 전세 사기를 피하려면 결국 전세 계약을 체결하면서 발생할 수 있는 위험 요소를 줄여야 하고, 그러려면 전세 매물이 되는 부동산과 임대인, 전세 계약을 중개하는 공인중개사, 전세 계약의 특약, 전세보증금반환보증보험 등에 대한 철저한 확인과 정보 수집이 필요하다. 이는 임차인으로서는 매우 번거로울 수 있는 일이지만, 가장 현실적인 대비책이다.

따라서 이 장에서는 집을 구하고 전세 계약을 체결한 후 이사하고 전세보증금을 돌려받기까지의 과정에 있어서 전세 사기를 당하지 않기 위해 확인하고 유의해야 할 사항들에 대해서 단계별로 살펴보려고 한다.

1단계 :
집을 보러 다닐 때
확인할 내용

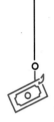

전세 계약을 체결하기에 앞서 가장 먼저 해야 할 일은 맘에 드는 집을 고르는 일이고, 그다음으로는 전세 계약을 체결할 상대방, 즉 임대인에 대해 가능한 한 많은 정보를 확보하는 일일 것이다. 이하에서는 전세 매물을 살펴볼 때 집과 집주인에 대해 반드시 확인해야 할 사항에 대해 알아보고자 한다.

집에 관해 확인해야 할 것들

어떤 집을 골라야 할까? 집에 대한 선호도나 경제 사정은 사람마다 달라서 어떤 집이 좋다고 단정적으로 말하기는 어렵다. 따라서 여기서는 반드시 피해야 할 집에 대해서만 짚어보고자 한다.

위반건축물은 무조건 거르기

앞서 본 바와 같이 건축물대장에 기재된 면적과 용도 등을 허가 없이 불법으로 증축 또는 대수선하거나 용도를 변경한 건축물을 '위반건축물'이라고 하는데, 이러한 위반건축물이 신고되어 위반 사실이 확인된 경우에는 건축물대장에 노란색으로 '위반건축물'이라고 기재된다. 따라서 건축물대장의 발급을 통해 손쉽게 위반건축물 여부를 확인할 수 있다.

〈건축물대장 예시〉

그러나 실제로는 적발이나 신고가 되지 않아 건축물대장에 '위반건축물'이라고 기재되지 않은 건물도 많다. 오른쪽 그림은 위반건축물에 해당하는 경우를 이해하기 쉽게 설명한 것이니 평소에 숙지해두면 좋을 것이다.

그림으로 보는 위반건축물

- 건축허가나 건축신고 없이 증축을 한 경우

베란다 무단증축

컨테이너 무단증축

- 허가나 신고 없이 대수선을 한 경우

무단으로 경계벽을 증설하여 가구 수 증가

- 허가나 신고 없이 용도변경을 한 경우

근린생활시설을 주거용으로 용도변경

고시원 호실 내에 취사도구 설치

- 그 밖의 허가나 신고 없이 한 경우

공작물 신고 없이
높이 2미터 넘는 담장 축조

일조 등 확보를 위한
높이 제한 위반 증축

조경 의무 면적 훼손

〈출처 : 위반건축물 예방사례집, 광주광역시, 2020년〉

그렇다면 내가 계약하려는 집이 위반건축물인지는 어떻게 확인할 수 있을까?

위반건축물인지를 확인하는 방법으로는 다음 세 가지가 있다.

① 건축물대장으로 확인하는 방법

온라인으로는 정부24(https://www.gov.kr) 또는 세움터(www.eais.go.kr)에서 무료로 열람·발급 가능하다. 오프라인의 경우 가까운 주민센터에서 열람·발급할 수 있는데 열람 1건당 300원, 발급 1건당 500원의 비용이 발생한다.

여기서는 간편하게 정부24 홈페이지를 이용하여 온라인으로 열람·발급할 수 있는 방법을 살펴본다.

건축물대장 발급 방법

① 정부24 홈페이지(https://www.gov.kr)에 접속해 로그인 후 '자주 가는 서비스' 중 '건축물대장' 클릭

② '건축물대장 등본(초본) 발급(열람)'에서 '발급하기' 클릭

건축물대장 등본(초본) 발급(열람)

신청방법	인터넷, 방문, FAX, 우편, 모바일, 무인발급기
신청자격	누구나 신청 가능
발급서류	일반건축물대장, 집합건축물대장(표제부), 집합건축물대장(전유부), 건축물대장 총괄 (건축물대장의 기재 및 관리 등에 관한 규칙 : 별지서식 1,3,5,7호)
처리기간	즉시(근무시간 내 3시간) 처리기간 계산방법
신청서	건축물대장등·초본발급 및 열람신청서 신청서작성예시
구비서류	있음 (하단참조)
수수료	발급(1건당) 500원, 열람(1건당) 300원, 인터넷 발급(열람) 시 무료

③ 화면에서 '건축물대장(발급)'과 '건축물대장(열람)' 중 선택하고 아래 화면과 같은 '신청 내용'에 건축물소재지 기재, 대장구분, 대장종류(이상 필수) 선택, 건물(동)명칭 기재

④ 수령방법 선택 후 '민원신청하기' 클릭하여 신청 완료

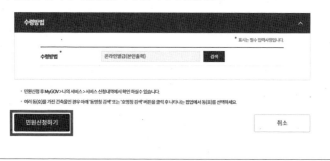

② 직접 확인하는 방법

직접 육안으로 위반건축물인지를 확인하는 방법도 있다. 4층 이상 주택의 경우 일조권에 대한 규제로 건물 높이가 10m를 초과하면 인접 경계선으로부터 간격을 두어야 하는 거리가 늘어나기 때문에 가건물이나 계단식으로 건물을 지을 수밖에 없는데, 만약 4층 이상의 주택이 네모반듯하게 지어져 있다면 위반건축물인지 의심해 봐야 한다.

③ 시·군청 담당 부서에 문의하는 방법

시·군청 건축물 관련 부서로 연락하여 위반건축물에 대한 이행강제금 부과 여부를 물어보는 것도 한 방법이다. 준공 이후 무단으로 증축을 한 경우에는 건축물대장에 반영되지 않은 경우도 있을 수 있기 때문이다. 만약 계약하려는 건축물이 이행강제금을 내고 있다면 위반건축물이라고 보면 된다.

다만, 공무원들은 대개 이러한 문의에 답변해 줄 때 향후 생길지도 모르는 민원을 염려하여 제대로 알려주지 않는 경우도 많다. 이때는 "어느 정도의 이행강제금을 예상하고 집을 계약하면 좋을까요?"라고 우회적으로 질문하면 대략적인 금액을 파악할 수 있고, 위반건축물인지도 간접적으로 확인할 수 있으니 충분히 활용해 볼 만하다.

신탁부동산은 가급적 피하기

임차인이 전세 계약을 체결하기 위해 주택의 등기사항전부증명서(일명 등기부등본)를 열람할 때 등기사항전부증명서의 갑구 항목에 수탁자와 신탁원부라는 항목이 기재되어 있는 경우가 있다. 이러한 경우에 위 주택의 소유자는 특정 개인이나 법인이 아닌 부동산 신탁회사가 되고, 위 주택의 전세 계약은 소유자인 신탁회사와 체결해야만 효력이 발생한다.

따라서 등기사항전부증명서의 갑구에 신탁에 관한 항목이 기재되어 있다면, 신탁원부를 반드시 확인하여 전세 계약서 작성 전에 부동산에 관한 권리관계를 다시 한번 확인해야 한다. 또한, 신탁된 부동산의 경우 등기사항전부증명서 을구에도 기재되어 있지 않은 저당 관련 정보를 신탁원부에서 확인할 수도 있다.

【 갑 구 】 (소유권에 관한 사항)				
순위번호	등 기 목 적	접 수	등 기 원 인	권리자 및 기타사항
7	소유권이전	2020년2월26일 제7328호	2020년2월26일 신탁	수탁자 주식회사무궁화신탁 110111-2867418 서울특별시 강남구 테헤란로 134, 22층(역삼동,포스코피앤에스타워)
	신탁			신탁원부 제2020-1082호

〈출처 : 대법원 인터넷 등기소〉

통상적으로 신탁부동산 관련 사기는 집주인이 신탁회사에 주택 관련 소유권을 넘기고도 임차인에게는 마치 자신에게 임대 권한이 있는 것처럼 속여서 계약을 체결하고 보증금을 가로채는 경우이다. 이러한 경우에 위 부동산은 신탁회사의 소유라서 임차인은 임대차 계약의 효력을 주장할 수 없고 향후 어떠한 권리도 행사할 수 없게 된다.

심지어 추후 위 부동산이 경매로 넘어가는 등 문제가 발생하면, 세입자는 집에서 나가야 하고 그 누구한테도 전세보증금을 돌려받지 못할 위험에 처하게 됨을 주의할 필요가 있다.

그런데 만약 부득이하게 신탁사에 수탁되어 있는 신탁부동산에 대해 임대차 계약을 체결할 경우에는 어떻게 해야 할까?
최소한 다음 사항을 확인하고 임대차 계약을 진행한다면 전세 사기를 당할 위험성은 줄일 수 있다.

첫째, 등기사항전부증명서(등기부등본)+신탁원부는 하나의 세트로 보고 반드시 발급받아 확인한다. 신탁원부는 등기사항전부증명서 갑구에 신탁원부 번호가 기재되어 있으니, 이 번호를 가지고 가까운 등기소에 가서 열람 신청을 하면 된다. 온라인으로도 신청 가능하다.

둘째, 신탁원부에 신탁부동산에 관한 위탁자와 수탁자의 권한을 정확히 명기하고 있으니, 신탁원부를 통해 권리관계와 채무 현황을 정확히 파악해야 한다. 위탁자가 임대차 계약을 진행하려고 한다면, 반드시 신탁원부에 위탁자에게 그런 권한이 있는지 확인하고, 권한이 없다면, 수탁자 즉 신탁회사와 직접 임대차 계약을 체결하든지, 아니면 신탁회사의 서면 동의서를 받은 후 계약을 체결해야 한다.

신탁부동산에 관한 임대차의 경우 등기사항전부증명서상 갑구에 신탁에 관한 사항만 기재되어 있고, 을구에는 근저당권 설정이 없는 경우가 많다. 이 경우 사기를 목적으로 하는 중개업자나 임대인은 대출이 하나도 없는 집이라고 임차인을 속이고 계약을 진행한다.

그러나 등기사항전부증명서상에 대출이 없더라도 신탁원부에 우선 수익권자가 있다면, 이 우선수익권자의 선순위 수익권 금액이 바로 해당 부동산의 부채에 해당한다. 이 우선수익권자의 선순위 금액과 임차인이 계약하고자 하는 보증금의 합이 현재 부동산 시세의 70%(지방의 경우 60% 추천)가 넘는다면 계약을 포기하는 것이 낫다.

그러나 대부분의 신탁부동산은 부동산 전체를 대상으로 우선수익권 등의 채무가 설정돼 있어 임차인이 그 가치와 범위를 판단하기는 쉽지 않을 것이다. 전문가의 도움을 받거나, 계약을 포기하는 게 좋겠다.

셋째, 신탁회사의 임대차 동의서를 발급받아 임대차 계약을 하는 경우라도 보증금 반환에 대한 책임이 누구에게 있는지 확인해야 한다. 신탁회사의 임대차 동의서를 보면, 신탁회사는 임대차에 단순 동의하며, 모든 책임은 위탁자에게 있다고 명시하는 경우가 대부분이다. 이 경우에는 위탁자, 즉 건축업자와 계약하게 되고, 건축업자로부터 보증금을 반환받아야 한다.

건축업자가 신탁사에 대한 채무를 상환하고 신탁계약을 종료하여 온전하게 부동산을 인도받으면 좋으나, 채무상환이 되지 않아 부도(EOD 등)가 난다면 보증금을 반환받을 길이 없다. 이러한 경우라면 계약을 포기하든지, 아니면 최소한의 보증금으로 임대차 계약을 진행해야 한다.

다가구주택의 경우 선순위 임차보증금을 반드시 확인하기

앞서 본 바와 같이 한 개의 단독주택 안에 여러 가구가 사는 다가구주택은 한 명의 소유자(임대인)가 같은 건물에 사는 모든 임차인과 임대차 계약을 체결하는 구조로 되어 있다. 즉, 한 명의 임대인이 전체 세입자로부터 각각 보증금을 받았다가 다시 전체 세입자에게 각각 보증금을 반환해야 하므로 새롭게 전세 계약을 체결하려고 하는 임차인으로서는 건물 내 모든 세입자의 보증금 규모를 확인하는 것이 매우 중요하다.

나중에 계약을 체결하려는 임차인보다 먼저 계약을 체결하고 이미 거주하고 있는 세입자들의 보증금을 '선순위 임차보증금'이라 하는데, 위 보증금은 경매나 공매 절차에서 나중에 계약을 체결한 임차인보다 우선하여 배당받을 권리를 가지게 되기 때문이다.

임대인에게 당당히 요구하세요! 종전에는 임차인이 선순위 임차보증금의 액수나 규모를 계약 체결 전에 직접 확인하기 어려웠고, 계약 체결 이후에만 해당 지역의 주민센터에서 확인할 수 있었는데, 그러다 보니 임대인이 선순위 임차보증금의 액수나 규모를 속이거나 아예 알려주지 않고 전세 계약을 체결했다가 보증금을 돌려주지 않는 사례들이 많았답니다. 그러나 주택임대차보호법의 개정으로 위 법 시행일인 2023. 4. 18. 이후 임대인이 임대차 계약을 체결할 때에는 임차인에게 임차 주택의 확정일자 부여일, 차임 및 보증금 등 정보를 제시하도록 의무화했기에 이제는 좀 더 수월하게 선순위 임차보증금을 확인하는 게 가능해졌죠. 따라서 이러한 전세 사기 피해를 예방하기 위해서는 전세 계약을 체결하기에 앞서 임대인에게 선순위 임차보증금에 관한 정보를 요구해 확인한 후 계약을 진행하는 게 좋겠죠?

부동산등기사항전부증명서를 통해 집의 권리관계 확인하기

주거지를 구하기 위해 전세 매물을 찾아보았다면 그 매물의 등기사항 전부증명서를 발급받아 보는 것은 부동산 거래에 있어서 가장 기본 중의 기본이라 할 수 있다.

등기사항전부증명서는 통상적으로 등기부등본이라고 불리는 것으로, 부동산의 권리관계를 알 수 있는 서류이다. 등기사항전부증명서를 발급받는 이유는 그 부동산이 신탁부동산인지, 가압류·가처분·근저당권 등 소유권을 제한하는 사항이 있는지, 소유자가 단독소유자인지 공동소유자가 있는지 등을 확인하기 위해서이다.

등기사항전부증명서는 누구나 대법원 인터넷등기소(http://www.iros.go.kr/)에서 발급받을 수 있다. 매물 확인 단계에서는 열람용(수수료 700원)으로 발급받으면 충분하다. 등기사항증명서에는 등기사항전부증명서와 등기사항일부증명서가 있는데, 이 중 등기사항전부증명서를 발급받아야 한다.

등기사항전부증명서는 표제부, 갑구, 을구로 나뉘어 있다. 갑구의 경우에는 소유권에 관한 사항뿐만 아니라 가압류·가처분 등이 기재되어 있는 경우가 있는데, 임차인이 우선변제권을 확보하기 위해서는 우선변제권의 효력이 발생하기 전, 즉 이사와 전입신고 및 확정일자를 받기 전에 이에 앞서는 가압류, 가처분등기가 없어야 한다는 점을 명심해야 한다.

【 갑 구 】	(소유권에 관한 사항)			
순위번호	등 기 목 적	접 수	등 기 원 인	권리자 및 기타사항
1	소유권보존	2016년5월24일 제29799호		소유자 윤용희 600210-******* 부산광역시 사상구 학감대로 105-21, 106동 701호(학장동,학장벽산아파트)
2	소유권이전	2016년12월15일 제81725호	2016년10월20일 매매	소유자 주식회사에이치케이산업개발 180111-1048255 ~~부산광역시 금정구 중군전로 23(금사동)~~ 거래가액 금148,440,909원
2-1	2번등기명의인표시 변경	2019년4월10일 제15303호	2017년9월4일 본점이전	주식회사에이치케이산업개발의 주소 부산광역시 동래구 충렬대로100번가길 14, 201호(온천동)
3	가압류	2019년3월8일 제9443호	2019년3월8일 부산지방법원의 가압류 결정(2019카단9 15)	청구금액 금16,500,000 원 채권자 주식회사 신세계건업 180111-0915257 부산 부산진구 전포대로306번길 46, 1층 (전포동)
4	소유권이전청구권가 등기	2019년4월10일 제15304호	2019년4월10일 매매예약	가등기권자 이민정 710225-******* 부산광역시 동래구 충렬대로100번가길 14, 201호(온천동, 수인 하이츠빌)
~~5~~	~~압류~~	~~2019년11월6일 제56595호~~	~~2019년11월6일 압류(재산법안 남세과-되53677)~~	~~권리자 국 차분정 동래세무서장~~
6	5번압류등기말소	2020년8월10일 제51288호	2020년8월10일 해제	

〈출처 : 대법원 인터넷등기소〉

주의!

"이런 게 써 있으면 안 되겠죠?"

따라서 압류·가압류·가등기 등 소유권을 침해할 수 있는 요소가 등기사항전부증명서에 기재되어 있다면 전세 계약의 효력 자체가 사라질수도 있으므로 전세 계약을 체결하지 않는 것이 좋다.

그리고 을구에는 소유권 외의 권리 즉, 지상권·지역권·전세권·저당권·권리질권·채권담보권 및 임차권 등에 관한 사항이 기재된다. 그중에서도 근저당권설정등기·임차권등기명령에 기한 등기 등을 흔히 볼 수있다. 각 권리의 순서는 순위번호에 의해 결정되므로 임차인이 우선변제권을 갖추기 전 이에 앞서는 근저당권이 있는지, 만약 있다면 잔금 지급 시까지 말소되는지를 꼭 살펴보아야 한다.

【 을 구 】 (소유권 이외의 권리에 관한 사항)				
순위번호	등 기 목 적	접 수	등 기 원 인	권리자 및 기타사항
1	근저당권설정	2016년5월24일 제29800호	2016년5월23일 설정계약	채권최고액 금2,561,000,000원 채무자 융output 부산광역시 사상구 학장대로 105-21, 106동 701호(학장동, 학장백산아파트) 근저당권자 온천3동새마을금고 184244-0001291 부산광역시 동래구 아시아드대로231번길 18(온천동) 공동담보목록 제2016-134호
2	1번근저당권설정등 기말소	2016년12월15일 제81724호	2016년12월14일 일부포기	
3	근저당권설정	2016년12월15일 제81726호	2016년12월14일 설정계약	채권최고액 금119,600,000원 채무자 주식회사에이치케이산업개발 부산광역시 금정구 중군진로 23(금사동) 근저당권자 온천3동새마을금고 184244-0001291 부산광역시 동래구 아시아드대로231번길 18(온천동)

〈출처 : 대법원 인터넷등기소〉

주의! 이 부분처럼 내 전입신고일이나 확정일자 받은 날보다 접수일자가 앞선 게 있으면 안 돼요!

시세 확인을 철저히 하기

임차인을 속이는 전세 사기 수법에는 임차 주택의 매매 시세를 실제보다 높은 금액이라고 속여 적정 전세보증금보다 높은 금액으로 임대차 계약을 체결하도록 하는 수법이 있다. 따라서 임차인은 계약을 체결할 주택의 전세보증금 시세뿐만 아니라 매매시세도 확인해야 한다. 시세를 확인하는 방법으로는 안심전세앱을 이용한 시세 조회, 국토부 실거래가 조회시스템을 통한 시세 조회, 직접 발품을 팔아 확인하는 방법, 무상으로 제공하고 있는 부동산 프롭테크를 활용하는 방법 등이 있다.

① 안심전세앱을 이용한 시세 조회하기

안심전세앱은 국토교통부, 주택도시보증공사(HUG), 한국부동산원 등이 협력하여 만든 전세 사기 예방 애플리케이션이다. 구글플레이스토어나 앱스토어에서 '안심전세앱'을 검색하여 스마트폰에 다운받아 사용해도 되고, PC에서 '허그안심전세포털'(https://www.khug.or.kr/jeonse)에 접속해도 된다.

주택의 매매시세, 전세가율, 신축 빌라의 준공 전후 시세 등도 확인할 수 있고, 시세 정보를 토대로 전세보증금이 적정한지도 진단할 수 있다. 또 진단해 본 주택의 전세보증보험 가입이 가능한지도 확인할 수 있으며 등기사항에 변동이 있을 시 알림을 받을 수도 있다. 그 외에 지역 평균 전세가율, 경매낙찰가율, 전세보증사고 현황과 함께 전세보증금을 상습적으로 반환하지 않는 임대인의 명단도 확인할 수 있다.

이 외에도 등기부등본 정밀분석부터 보증보험, 전세대출 가능성 분석까지 해주는 '내집스캔'이라는 앱도 있다. 리포트를 제공하는 유료 앱으로(리포트 1회권 : 12,900원), AI가 1차로 분석하고 이후 담당자가 등기부등본 및 건축물대장 등 공문서상 사실관계를 파악 후 이를 기반으로 대출 가능여부, 보증보험 가입여부, 집주인 임차권설정 이력, 추천 특약, 사기 시나리오 등 다양한 항목을 제공한다.

여기서는 스마트폰 어플인 '안심전세앱'에서 시세 조회하는 방법을 알아본다.

안심전세앱으로 시세 확인하는 방법

① 안심전세앱을 실행하여 첫 화면에서 '안심조회' 선택 후 '시세 조회&위험성
진단' 선택

② '현재위치 허용 안 함' 선택 후 '주소 입력으로 검색' 선택(단, 조회하고자 하는 집
이 근처에 있다면 위치로 검색 가능)

③ '주택 시세 및 정보 조회하기'에서 주소 입력 후 '주소 검색' 선택하여 매매시세
확인

④ 시세 확인 화면 하단의 전세입주(예정)일과 전세보증금 입력

⑤ (근)저당권 설정 정보 및 가압류, 가처분, 압류, 경매 등의 권리침해사항에 관해 알고 있다면 해당 내용 입력, 모른다면 '등기부등본 정보 자동 입력 후 진단' 선택(발급용 등기사항증명서를 확인하게 되므로 수수료 1,000원 발생)

⑥ 수수료 결제 후 '결제 내용 확인' 화면에서 '등기변동 알림(SNS)'을 선택하면 결제일로부터 2년 6개월 동안 등기사항 변동 발생 시 알림 가능

⑦ 등기사항증명서 발급 완료 시까지 대기(수 분 정도 소요)

⑧ 리파인에서 발급 완료 알림이 오면 다시 안심전세앱에 접속 후 오른쪽 위 [전체 메뉴 - 나의 보증 - 진단내역조회 - 등기부결제완료] 선택

⑨ '진단내역'에서 '진단보기' 선택 후 '안심결제진단' 선택

⑩ 적정 전세가율, 경매 진행 시 보증금 전액 회수 가능성 진단, 주택도시보증공사의 전세보증금반환보증보험 가입 가능 여부, 임대인의 보증보험 가입 의무 적용 대상 여부 등 확인

② 국토교통부 실거래가 공개시스템을 이용한 시세 조회하기

국토교통부 실거래가 공개시스템(https://rt.molit.go.kr/)에서도 매매시세 및 전세보증금 시세를 확인할 수 있다. 실거래가 공개시스템 홈페이지에서 주택 유형을 선택하고 기준 연도와 소재지 정보를 입력하면 아래와 같이 과거 체결된 계약 내역을 확인할 수 있는 정보가 검색된다. 단, 이때 유독 높은 금액으로 체결된 거래 내역이 있다면 그 내역은 제외하고 보는 것이 안전하다.

〈출처 : 국토교통부 실거래가 공개시스템〉

③ 직접 돌아다니며 주변 시세로 확인하기

직접 매물 인근을 돌아다니면서 매물로 봐둔 부동산과 형태, 위치, 평형이 유사한 다른 부동산들의 시세를 파악하는 것도 방법이다. 둘러볼 때는 가급적 여러 곳의 공인중개사 사무실을 방문해 확인하는 것이 좋다.

④ 부동산 프롭테크를 활용해 시세 조회하기

무상으로 제공하고 있는 부동산 프롭테크(사이트, 앱)는 실제 거래된 실거래가뿐만 아니라 시장에 나와 있는 가격, 예상 거래 가격 등을 판단해 볼 수 있는 자료들을 제공하고 있다. 다양한 부동산 프롭테크 업체(부동산지인, 부동산플래닛, 호갱노노, 네이버 부동산, 밸류맵, 랜드북 등)가 있으니, 온라인으로 미리 확인하고 발품을 판다면 좀 더 효과적으로 시세를 확인할 수 있을 것이다.

전세보증금반환보증보험 가입이 가능한 집인지 확인하기

찾아본 매물에 대해 전세보증금반환보증보험 가입이 가능한지 문의하는 방법도 있으나, 더욱 간편하게는 앞서 소개한 '안심전세앱'을 이용하는 방법도 있다. 해당 매물의 매매시세를 확인하고 입주예정일과 전세보증금액을 입력한 후 '안심 결제 진단'을 선택하면 전세보증금반환보증보험 가입이 가능한지를 확인할 수 있다.

집주인에 관해 확인해야 할 것들

집주인이 누구인지 확인하기

전세 계약을 포함한 임대차 계약은 임대인과 임차인 사이의 신뢰 관계를 바탕으로 한다. 수천만 원에서 수억 원, 많게는 수십억 원에 달하는 전세보증금을 맡겨야 하는 사람이라면 적어도 개인(이름, 생년월일, 전화번호)인지, 아니면 법인(상호, 사무소 소재지)인지, 그리고 임대사업자인지를 확인해 둘 필요가 있다. 임대인이 누구냐에 따라 대응해야 할 사항이나 준비해야 할 사항이 달라질 수 있고, 제한되는 사항이 있을 수 있으므로 이를 사전에 파악해 두는 것이 좋다.

예를 들어 법인 임대인과 임대차 계약을 체결하는 경우에는 임차인의 우선변제권에 앞서는 조세채권, 임금채권, 소액보증금 채권 등 최우선변제권이 있는지 반드시 확인해야 한다. 임대인이 법인일 때에도 임차인의 전세자금 대출은 가능하나, 다만 법인 사업자등록증 종목에 부동산임대업이 기재되어 있어야 하며, 한국주택금융공사(HF)에서 보증서를 발급받은 후에 대출받을 수 있다는 점을 주의할 필요가 있다.

집이 공동소유인지 단독소유인지 확인하기

살 집을 구하다 보면 집주인이 1명인 경우도 있지만, 가족끼리 공유하거나 특히 부부가 1/2씩 공동지분으로 소유하고 있는 경우도 흔히 볼 수 있다. 이렇듯 집주인이 여러 명인데 그중 1명과 계약을 진행하는 경우에는 계약을 체결하려는 그 임대인이 부동산 전체 지분의 1/2을 초과하여 가지고 있어야만 안전하다.

물론 나머지 공동소유자가 아무런 문제를 삼지 않으면 그대로 넘어갈 테지만 항상 그럴 것이라고 안심하고 있을 수만은 없는 일이다. 따라서 가급적 공동소유자 전원과 전세 계약을 체결하는 것이 가장 안전하고, 부득이 부동산 전체 지분 중 1/2 이하의 지분을 가진 자와 임대차 계약을 체결하는 경우에는 반드시 나머지 지분권자의 동의를 받는 것이 좋다.

한편 세입자가 전세보증금반환보증보험에 가입할 경우 계약서류에 공동소유자가 모두 임대인으로 기재되어 있지 않으면 보험 가입이 거부될 가능성이 높다. 그러므로 소유자가 여러 명인 임차 주택의 경우에는 모든 소유자를 임대인으로 하여 전세 계약을 체결하는 것이 안전하다.

부부 공동명의일 땐 이렇게! 특히 부부가 절반씩 소유하고 있는 집에 대해 전세 계약을 체결하는 경우에는 차후에 이혼 등으로 인해 전세보증금의 반환 책임을 서로에게 미루는 경우도 있답니다. 이를 예방하기 위해서라도 전세 계약서에 상대방 배우자의 동의 항목을 추가하여 서명날인하게 하거나 별도로 배우자의 동의서를 받아두는 게 좋겠죠?

세금 체납 중인 집주인과의 계약은 피하기

집주인의 세금 체납 여부를 확인하는 것은 내 소중한 전세보증금을 체납한 세금보다 우선하여 변제받을 수 있는지를 결정하는 매우 중요한 사항이다.

국세 및 지방세의 법정기일 전의 날짜로 전세권·저당권을 설정했거나 확정일자를 갖췄을 때, 그 재산을 매각하여 생긴 매각대금 중에서 '전세권', '피담보채권(저당권에 의하여 담보된 채권)', '확정일자를 갖춘 임대차계약서상 보증금(전세보증금)'은 우선하여 변제받게 된다.

이를 좀 더 쉽게 설명하면, ① 국세, 지방세의 법정기일 전에 확정일자를 갖춘 경우, **즉 확정일자를 갖춘 후에 집주인이 세금을 체납한 경**

우에는 체납한 세금보다 **전세보증금을 우선하여 변제**받게 되고, ② 국세, 지방세의 법정기일 이후에 확정일자를 갖춘 경우, 즉 **확정일자를 갖추기 이전에 집주인이 세금을 체납한 경우**에는 **체납한 세금**을 전세보증금보다 **우선하여 변제**하게 된다. 따라서 이 경우에는 경매 절차에서 전세보증금의 일부 또는 전부를 변제받지 못할 수도 있다.

그렇다면, 이렇게 중요한 집주인의 세금 체납액은 어떻게 확인할 수 있을까? 이 부분은 굉장히 중요하므로 꼭 숙지해야 한다.

첫째, 집주인에게 국세·지방세 납세증명서를 요청한다.

납세증명서란 발급일 현재 체납액이 없음을 증명하는 서류이다. 납부내역증명과는 다른 서류라는 점을 주의할 필요가 있다. 납세증명서의 기본 유효기간은 30일이므로, 납세증명서에 명시된 유효기간을 확인하고 유효기간이 지난 납세증명서라면 다시 발급받아 달라고 요청해야 한다.

2023. 4. 18. 시행된 개정 주택임대차보호법은 "임대인은 임대차 계약을 체결할 때 임차인에게 국세 및 지방세 납세증명서를 제시해야 한다"고 규정하고 있다. 이제는 임차인이 임대차 계약 체결 전 임대인에게 국세 및 지방세 납세증명서를 요구할 수 있는 법적 근거가 마련된 것이다.

임대인이 납세증명을 거부한다? 이제는 법적 근거도 마련된 만큼 전세 계약 체결 전에 집주인에게 국세 및 지방세 납세증명서를 당당히 요구합시다. 만일 임대인이 이를 거부한다면 세금을 체납하고 있을 가능성이 매우 높으므로 그런 매물은 피하는 것이 좋겠죠?

둘째, 집주인이 미납한 국세·지방세 내역의 열람을 신청한다.

① 미납국세 열람 신청은 주거용 또는 상가 건물을 임차하고자 하는 사람이 임대인의 국세 또는 체납의 열람을 임차할 건물소재지의 관할 세무서장에게 신청할 수 있는 제도로서 2023. 4. 1.부터 시행되었다. 임대인의 미납국세 내역은 열람만 가능하다.

② 미납지방세 열람 신청은 주거용 건물 또는 상가건물을 임차해 사용하려는 사람이 임대인이 납부하지 않은 지방세의 열람을 지방자치단체의 장에게 신청할 수 있는 제도를 말한다. 임대인의 미납지방세 내역 역시 열람만 가능하다.

미납국세 및 지방세의 열람 신청은 원칙적으로 임대인의 동의를 얻어 임대차 계약을 하기 전 또는 임대차 계약을 체결하고 임대차 기간이 시작하는 날까지 할 수 있다. 다만 보증금이 1,000만 원을 초과하는 임대차 계약을 체결한 경우에는 임대인의 동의 없이도 임대차 기간이 시작하는 날까지 미납국세 및 지방세의 열람을 신청할 수 있다.

미납국세 열람 신청은 신청서와 함께 제출할 필요 서류를 구비한 후 가까운 세무서(민원봉사실)를 방문해 신청한다.

구 분	임대인의 동의를 받은 경우	임대인의 동의를 받지 않은 경우 (계약체결 후 + 보증금 1천만 원 초과)
필요 서류	○ 미납국세 등 열람신청서 (임대인의 서명이나 도장 날인) ○ 임대인과 임차인 신분증(사본)	○ 미납국세 등 열람신청서 ○ 임차인 신분증 ○ 임대차계약서(사본) (임대차 개시일까지 열람신청 가능)

국세청 홈택스를 이용한 미납세 사전열람신청 방법

2023년 4월부터 임차인 재산 보호를 위해 주택·상가 건물의 임대차 개시일까지 세무서 민원실에 방문해 열람 신청하면 임대인 동의 없이 임대인의 미납국세를 열람할 수 있는데, 내방 민원인의 방문 대기시간을 줄이기 위해 홈택스에서 미납국세 열람을 사전 신청할 수 있는 화면을 서비스하고 있다.

① 국세청 홈택스(https://www.hometax.go.kr) 회원가입 후 로그인
② 아래 화면에서 '국세증명·사업자등록 세금관련 신청/신고' 클릭

③ 화면에서 '세금관련 신청/신고 공통분야' 선택 후 아래 화면에서 '미납국세 등 열람신청(주택임차, 상가임차)' 클릭

④ 신청인(임차인)의 기본 인적 사항을 기재하고 처리관서를 선택한 다음 미납국세 등 열람신청서를 내려받아 작성하고 첨부서류 대상 파일을 선택한 후 '신청서 제출하기' 클릭
⑤ 세무서의 준비 완료 문자가 오면 신청했던 세무서로 방문하여 열람

〈이미지 출처 : 홈택스〉

미납지방세 열람 신청은 신청서와 함께 제출할 필요 서류를 갖춘 후 자치단체(시군구)의 세무부서 또는 행정자치단체(주민센터)를 방문해 신청하면 된다.

구 분	임대인의 동의를 받은 경우	임대인의 동의를 받지 않은 경우 (계약체결 후 + 보증금 1천만 원 초과)
필요 서류	○ 미납지방세 등 열람신청서 (임대인의 서명이나 도장 날인) ○ 임대인과 임차인 신분증(사본)	○ 미납지방세 등 열람신청서 ○ 임차인 신분증 ○ 임대차계약서(사본) (임대차 개시일까지 열람신청 가능)

국세청 홈택스를 통한 미납국세 등 열람 신청은 임차 예정인 본인만 가능하며(세무대리인 신청 불가), 가족 등 대리인이 열람하려면 세무서를 방문해야 한다. 임대인의 미납국세 등 내역은 열람만 가능하며 내역서 발급, 복사, 사진 촬영은 불가하고, 임대인의 동의 없이 미납국세를 열람한 경우 임대인에게 열람 사실이 통지된다.

여기서 잠깐! '가계약'에 대해 짚고 넘어가자.

전세 매물이 부족한 상황에서 부동산중개소를 방문했을 때 공인중개사로부터 "지금 계약 안 하면 금방 나갑니다. 그러니 가계약이라도 하세요!"라는 말을 들을 때가 있을 것이다. 혹은 목적물, 보증금 액수, 계약 기간, 이사 시기 등을 정한 후 다음날 계약서를 쓰기로 하고 공인중개사의 요구에 따라 가계약금이라는 명목으로 일부 금액을 지급하는 경우도 있다.

이때 지급하는 돈을 흔히 '가계약금'이라고 부르지만, 사실 공식적인 법률용어는 아니다. 앞의 경우에는 구체적인 계약의 내용에 대해 합의된 바가 없으니까 나중에 계약이 성사되지 않더라도 가계약금을 돌려받을 수 있지만, 뒤의 경우에는 이미 전세 계약은 된 거라서(구두계약도 계약이므로) 나중에 따로 계약서를 쓰지 않더라도 가계약금은 돌려받지 못한다.

이처럼 일단 전세 계약이 성사되면 위 가계약금은 계약금의 일부가 되고, 가계약금과 나머지 계약금 및 잔금 등을 합한 금액이 전체 보증금이 되는 것이다. 전세보증금반환보증보험에 가입할 때도 가계약금, 계약금, 잔금 등 관련 영수증을 다 내도록 요구하고 있고, 위 영수증의 합산액이 무조건 임대차계약서의 금액과 일치해야만 전세보증금을 들수 있다고 하니, 아무리 적은 금액을 걸고 가계약을 했어도 그 가계약금 입금 확인증 제출이 필수인 셈이다.

사회초년생들 주의! 집 계약 경험이 없는 사회초년생의 경우 엉뚱하게도 부동산중개인에게 가계약금을 보내는 웃지 못할 일도 종종 벌어진답니다. 가계약금을 포함해 계약금, 잔금까지 모두 동일한 집주인 명의 계좌로 보내야 한다는 거, 명심하자고요!

2단계 :
계약서 작성 전
집주인과 협의할 내용

마음에 드는 집을 골랐다면 전세 계약서를 작성하기 전에 집주인과 특약 사항에 기재할 내용을 협의해야 한다. 특약사항을 가능한 한 꼼꼼하고 정확하게 기재해야 계약 기간 중 발생할 수 있는 법적 분쟁을 예방할 수 있고, 혹시 법적 분쟁이 발생하더라도 유효한 증거로 사용할 수 있다.

권리관계의 변동에 관한 사항

전세 계약 체결 전 임차 건물에 이미 가압류가 되어 있거나 근저당권이 설정되어 있다면 잔금 지급 때까지 이를 말소하고, 계약 체결 이후에는 추가적인 담보 제공을 금지한다는 내용을 계약서에 기재해야 한다. 그리고 만일 임대인이 이를 위반한 경우에는 임차인은 전세 계약을 해제할 수 있고, 이 경우 임대인은 즉시 계약금의 반환 및 손해배상금을 지급한다는 문구를 추가하는 것도 좋다.

예를 들어 '임대인은 본 건물에 설정된 채권최고액 ○○○원, 채무자 ○○○, 근저당권자 ○○○○○로 된 근저당권을 잔금 지급 시까지 말소하기로 한다. 만일 임대인이 이를 위반할 경우 임차인은 본 계약을 해제할 수 있고, 그 경우 임대인은 임차인에게 계약금 및 손해배상금 ○○○원을 지급한다'와 같이 기재할 수 있을 것이다.

계약 종료 후 보증금 즉시 반환 조건

전세 계약 종료 후 임대인이 새로운 임차인을 구해야 한다는 이유를 내세워 보증금의 반환을 미루는 경우가 적지 않다. 이 경우 임차인은 상당한 기간과 비용이 소요되는 보증금반환청구 소송을 하기보다는 울며 겨자 먹기식으로 다음 임차인이 구해질 때까지 초조하게 기다리기 마련이다.

그러나 임대인은 전세 계약이 종료되면 임차인으로부터 임차 주택을 인도받음과 동시에 임차인에게 보증금을 반환할 의무가 있고, 이는 임대인이 새로운 임차인을 구했는지와는 무관하다. 따라서 전세 계약서의 특약사항에 '계약 종료 후 보증금을 즉시 반환한다'는 문구를 기재할 필요가 있다.

법리적으로는 당연한 내용이라고 하더라도 특약사항에 기재하여 임차인과 임대인 사이에서 전세 계약과 무관한 사정을 이유로 보증금 반환을 미루거나 거부할 수 없다는 것을 상호 간 확인하여 심리적으로나마 보증금 반환의무의 이행을 강제하는 의미가 있다. 다만, 이러한 특약사항에도 불구하고 임대인이 보증금을 반환하지 않는다면 결국에는 소송을 통해 반환받는 수밖에 없다는 한계는 있다.

임차 주택을 매도할 경우
임차인에 대한 통지의무

임차인이 전세 계약을 체결한 후 주택을 인도받아 거주하던 중 수리가 필요한 부분이 있어 임대인에게 연락했다가 집주인이 바뀌었다는 사실을 뒤늦게 알게 되는 경우가 종종 있다. "내가 내 집 파는데 세입자에게 알려줄 의무가 있느냐"는 임대인의 당당한 태도 앞에서 임차인은 굉장히 당혹스러울 수밖에 없고, 새 집주인에 대해서는 아는 바가 전혀 없기에 계약 기간이 끝나면 보증금을 제대로 돌려받을 수 있을지 걱정이 드는 것이 당연하다.

이러한 경우를 대비해 특약사항에 '전세 기간 중 임대인이 임차 건물을 매매할 경우에는 즉시 이를 임차인에게 통지한다'는 문구를 기재할 수 있다. 이렇게 하면 통지를 받은 임차인으로서는 종전 집주인과 맺은 전세 계약을 해지하고 즉시 보증금의 반환을 요구할지, 아니면 새로운 집주인이 임대인의 지위를 승계하도록 둘지를 제때 선택할 수 있게 되는 이점이 있다.

알림 서비스 등록하면 편하겠죠?　최근에는 '안심전세앱'에서 매물의 등기사항전부증명서를 발급받으면 등기 내역 변동 시 알림을 주는 서비스를 제공하고 있습니다. 집주인 변경 사실을 즉시 확인할 수 있도록 이를 활용하는 것도 좋은 방법이겠죠? (58쪽 참고)

관련 판례

대항력을 갖춘 임차인의 경우, 임차 주택이 양도된 때에는 임차 주택의 양수인(그 밖에 임대할 권리를 승계한 자를 포함한다)은 임대인의 지위를 승계한 것으로 본다(『주택임대차보호법』 제3조 제4항). 임대차가 종료된 경우에도 임차인이 보증금을 반환받을 때까지 임대차관계가 존속하는 것으로 보므로(『주택임대차보호법』 제4조 제2항) 임대차 계약 종료 이후 임차인이 보증금을 반환받기 전 임차 주택이 양도된 경우에도 마찬가지가 된다. 그렇다면 임차인은 새 집주인이 임대인의 지위를 승계하는 것에 어떤 이의도 제기할 수 없는 것일까?

그렇지는 않다. 임대차 계약 기간의 만료 전에 임차 주택이 양도된 경우, 전입신고와 주택의 인도라는 요건을 갖춰 대항력이 있는 임차인이라도 스스로 임대차관계의 승계를 원하지 않을 때는 일방적인 임대차 계약의 해지 또는 임대인과의 합의에 의하여 임대차 계약을 해지할 수 있고 임대인으로부터 임대차보증금을 반환받을 수 있다. 이러한 경우 임차 주택의 양수인은 임대인의 지위를 승계하지 않는다(대법원 2018. 12. 27. 선고 2016다265689 판결).

임대차 계약이 종료되었으나 아직 임차인이 보증금을 반환받지 못한 상태에서 임차 주택이 양도된 경우에도 임차인이 새 임대인의 지위 승계를 원하지 않는다면 임차 주택의 양도 사실을 안 때로부터 **상당한 기간 내에 이의를 제기함으로써 승계되는 임대차관계의 구속으로부터 벗어날 수 있고**, 그 경우에는 양도인, 즉 **이전 집주인의 임차인에 대한 보증금 반환 채무는 소멸하지 않는다**(대법원 2002. 9. 4. 선고 2001다64615 판결).

상당한 기간에 관해 명시된 규정은 없으나, 적어도 안 때로부터 2주 이내에는 이전 집주인에게 이의를 제기하는 것이 안전하다.

계약 체결 후 세금 체납 사실 발견 시 계약 해지 및 보증금 반환 조건

앞서 설명한 것처럼 임대인의 세금 체납 여부는 임대인에게 납세증명서의 제시를 요구하거나 미납국세·지방세 열람 신청 등을 통해 확인이 가능하다. 계약 체결 전 나름대로 확인을 하긴 했지만 미처 확인하지 못한 임대인의 세금 체납 사실이 전세 계약 체결 이후 드러난다면 임차인으로서는 전세 계약 종료 후 보증금을 돌려받는 데에 문제가 발생할 수도 있다.

이러한 경우를 대비해 특약사항에 '전세 계약 체결 후 새롭게 임대인의 체납 사실을 알게 된 때에는 임차인은 계약을 해지할 수 있고, 그 경우 임대인은 임차인에게 즉시 보증금을 반환한다'는 문구를 기재하는 것도 좋은 방법이다.

전세보증금반환보증보험의 가입 조건

전세보증금반환보증보험이란 전세 계약 기간 만료 이후 임대인이 임차인에게 전세보증금을 반환하지 못할 경우(보험사고 발생) 보증회사에서 임차인에게 먼저 전세보증금을 반환하고, 나중에 임대인에게 돌려받는 보험 상품을 말한다. 전세보증금의 반환을 가장 확실하게 보장할 수 있다는 점에서 가장 실효성 있는 전세 사기의 대응 방법으로 여겨져 요즘 더욱 각광받고 있다.

주택임대사업자의 경우에는 전세보증보험 가입이 의무이므로 보험가입 여부를 반드시 확인해야 한다. 단, 임대인과 임차인이 보증보험에 가입하지 않는 데 동의하고, 보증금 액수가 주택임대차보호법에 정해져 있는 최우선 변제금액보다 낮은 경우(서울 기준 5,500만 원), LH, SH 등 지방공사 혹은 국가에서 운영하는 공공임대주택 사업과 계약을 맺은 경우에는 가입이 면제될 수 있다는 점도 알아 둘 필요가 있다. 주택임대사업자가 전세보증보험에 가입하는 경우 보증료는 임대인이 75%, 임차인이 25%를 부담해야 한다.

또한 주택임대사업자가 아닌 임대인의 경우에는 전세보증보험 가입이 의무는 아니지만, 임대인과 협의를 통해 특약사항에서 임대인이 전세보증보험에 가입하는 것을 조건으로 할 수는 있다. 그것이 여의치 않을 경우에는 임차인이 전세보증금반환보증보험에 가입하는 것을 조건으로 전세 계약을 체결하되, 만약 보증회사에서 가입 승인이 거부된다면 임차인은 전세 계약을 해제할 수 있고, 그 경우 임대인은 임차인에게 즉시 보증금을 반환하는 내용으로 특약을 맺는 것이 좋다(이때 임대인이 보증료의 일부를 부담하는 것으로 협의할 수도 있을 것이다).

예를 들어 특약사항에 '본 건 계약은 임차인(혹은 임대인)의 전세보증금반환보증보험 가입을 조건으로 하는 것이므로, 만약 위 가입이 거부되는 경우 임차인은 본 계약을 해제할 수 있고, 임대인은 즉시 임차인에게 지급받은 보증금을 반환한다'와 같이 기재하면 된다.

옵션 기기에 대한 세부 사항

원룸과 같은 다세대주택이나 오피스텔의 경우 임차 주택에 냉장고, 세탁기, 에어컨, TV 등이 옵션으로 포함되어 있는 경우가 있다. 특약사항으로 옵션에 포함된 상세한 품목과 그 상태, 고장 발생 시 수리비 부담 주체 및 부담 비율 등을 자세하고 명확히 기재해 놓으면 나중에 발생할 수 있는 분쟁을 예방할 수 있다.

하자 유무 확인

임차 주택이 아무 문제가 없으면 좋겠지만 보통 종전 임차인의 사용으로 인한 크고 작은 하자들이 존재할 가능성이 매우 높다. 임대인이 모든 하자를 수리한 상태로 세를 놓으면 좋겠지만 만약 그렇지 못한 상황이라면 임차인으로서는 입주 직전 또는 입주한 직후 하자나 파손된 부분을 꼼꼼히 체크한 후 사진이나 동영상을 촬영해 임대인에게 발송하고 그 내역을 보관하는 등 근거 자료를 남겨놓거나 특약사항에 그러한 부분들을 자세히 기재하는 것이 좋다. 그래야만 전세 계약 종료 후 임차 주택을 임대인에게 인도할 때 혹시나 있을지도 모르는 임대인의 무리한 원상복구 요구에 대응할 수 있다.

신축 건물이면 다 괜찮을까?　보통 신축건물은 하자가 없을 거라고 생각하지만 꼭 그런 건 아니에요. 오히려 허술한 시설을 갖춘 신축도 많은 만큼 신축 구축 가리지 말고 조금이라도 하자가 보인다면 꼭 증거 사진을 남기기 바랍니다.

수선비용 부담 및 원상복구 기준 사전 협의

전세 계약 기간 중 문제 되는 수선비용

전세 계약을 체결한 후 이사하여 생활하다 보면 예기치 못한 고장이나 파손이 발생하는 경우가 있다. 사용상의 부주의로 인한 고장이나 파손이라면 임차인이 그 교체나 수리비용을 부담하는 것이 당연하겠지만, 그게 아니라 노후화로 인한 것이라면 그 비용을 누가 부담할 것인지가 현실에서 문제 되는 경우가 꽤 많다.

흔히들 '전세의 경우에는 임차인이 수리비용을 부담하고, 월세의 경우에는 임대인이 수리비용을 부담한다'고 알고 있는 경우가 많은데, 이는 잘못 알려진 부동산 상식이다.

임차인은 선량한 관리자로서 임차 건물을 관리할 주의의무(선관주의의무)가 있으므로 사소한 수선이 필요한 경우, 소모품(전등, 욕실 샤워기, 문손잡이, 열쇠 등)의 교체, 무거운 물건을 옮기다가 발생한 바닥재 훼손, 흡연 등으로 인한 벽지의 변색, 고의에 의한 파손 등은 임차인에게 수선의무가 있다.

반면에 임대인은 임차인이 임차 건물을 사용·수익하는 데 필요한 상태를 유지해 줄 의무를 부담하므로, 임차인이 기본적인 주거생활을 할 수 없을 정도로 대규모의 수선이 필요한 경우, 배관·난방·전기시설과 같은 주 설비의 노후 및 불량의 경우 등에는 임대인이 수선의무를 부담한다.

다만, 이 기준은 통상적인 경우에 해당하는 것이므로 임차인에게 지나친 부담을 지우지 않는 범위 내에서 특약사항으로 달리 정할 수도 있고, 그 부담 범위를 임대인과 임차인이 명확히 정해 특약사항에 기재할 수도 있을 것이다.

전세 계약 만료 후 문제 되는 원상복구 비용

전세 계약 기간 만료 후 임차인이 임대인에게 임차 주택을 인도하려고 할 때 원상복구와 관련한 분쟁이 발생하기도 한다. 임차인이 전세 계약 이후 임대인의 동의하에 현상을 변경해 설치하거나 공사한 부분은 원칙적으로 계약 당시의 상태대로 복구해야 한다. 문제는 원상복구라는 이름으로 계약 당시보다 더 나은 상태를 요구하는 임대인들이 간혹 있다는 사실이다. 따라서 임차인은 종전 세입자의 이사 후 짐을 들여놓기 전 상태를 자세히 사진 촬영해 임대인에게 발송하고, 그것을 원상복구의 기준으로 삼기로 특약사항에 기재하는 것이 좋다.

계약 기간 만료 전 해지할 경우를 대비한 중개수수료의 부담 협의

전세 계약 기간 만료 전 임차인의 사정으로 불가피하게 임대차 계약을 해지해야 하는 경우 임차인이 새로 들어올 임차인과 임대인이 맺는 새로운 계약의 중개수수료를 부담할 의무는 없지만, 실제로는 임차인에게 가장 중요한 보증금을 돌려받기 위해 임차인이 위약금 조로 중개수수료를 대신 부담하는 관행이 형성되어 있다.

집주인의 입장에서도 미리 다음 세입자를 구하다가 예상치 못하게 일찍 구해져서 임차인에게 조기 이사를 부탁해야 하는 사정이 생길 수도 있으므로, 애초에 복잡한 일이 발생하지 않도록 계약기간 만료 전 해지 시 중개수수료를 임대인과 임차인 중 누가 어떻게 부담할 것인지를 명확히 계약서 특약사항으로 정하는 것도 한 가지 방법이 될 수 있다.

예를 들어 '임차인의 사정으로 계약 기간 만료 전에 임대차 계약을 해지하는 경우에 새로운 임차인과 체결할 임대차 계약의 중개수수료는, 남은 계약 기간이 3개월 이상이면 임차인이, 3개월 미만이면 임대인이 각 부담하고, 임대인의 사정으로 계약을 해지할 때에는 남은 기간에 상관없이 중개수수료는 임대인이 부담한다'와 같이 특약사항을 기재할 수도 있을 것이다.

다가구주택의 선순위 임차보증금 확인 요구 및 위반 시 계약 해지 조건

다가구주택에 관해 전세 계약을 체결하는 경우 내가 지급할 전세보증금을 안전하게 반환받기 위해서는 나보다 앞서 임대차 계약을 체결하고 거주 중인 임차인들의 보증금의 합계, 즉 선순위 임차보증금의 액수를 확인하는 것이 중요하다. 따라서 공인중개사나 임대인에게서 임대차 건물의 선순위 임차보증금을 확인한 후 그 금액과 내용을 전세 계약서 내 특약사항으로 추가해 두는 것이 좋다.

예를 들어 특약사항에 '계약 체결일 현재 선순위 보증금은 전체 ○○○원이며, 사실과 다를 경우 위약금 없이 이 전세 계약을 무효로 하고, 임차인이 임대인에게 지급한 보증금은 즉시 반환한다'와 같이 기재하면 될 것이다.

3단계 :
계약을 체결할 때
확인할 내용

등기사항전부증명서를 다시
발급받아 변동 사항 확인하기

매물을 찾을 때부터 결정할 때까지 권리관계 등에 변동된 사항이 없는지 등기사항전부증명서를 발급받아 다시 확인한다. 이와 더불어 해당 부동산에 관해 등기 신청된 내역이 있는지도 확인해 본다. 아직 등기사항증명서에는 기입되지 않았으나 처리 중인 내역이 있을 수도 있기 때문이다.

신변꿀팁 **발급일자 꼭 확인하기!** 간혹 부동산중개소에서 미리 떼어 놓은 서류로 확인시키는 경우도 있을 수 있어요. 그 사이에 변동된 사항이 생겼을 수 있으므로 계약 당일 건이 맞는지 서류 발급일을 꼭 확인하자고요!

임대인이 집주인이 맞는지 확인하기

등기사항전부증명서상의 소유자와 실제 계약을 체결하려는 임대인이 동일한지를 반드시 확인해야 한다. 보통은 공인중개사가 소유자의 신분증을 제출받아 임차인에게 확인하도록 하는 과정을 거치지만, 혹시라도 공인중개사가 이러한 과정을 거치지 않는다면 임차인이 직접 임대인에게 신분증의 제시를 요청한다.

가급적 신분증의 진위까지 확인하는 것이 좋은데, 주민등록증의 진위를 확인하는 방법으로는 ① '1382'에 전화해 확인하는 방법, ② 정부24 홈페이지에서 확인하는 방법이 있고, 운전면허증의 진위를 확인하는 방법으로는 ① 경찰청교통민원24 홈페이지에서 확인하는 방법, ② 도로교통공단 안전운전 통합민원 홈페이지에서 확인하는 방법이 있다.

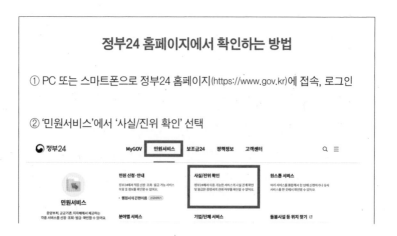

③ '주민등록증 진위확인/잠김해제' 선택

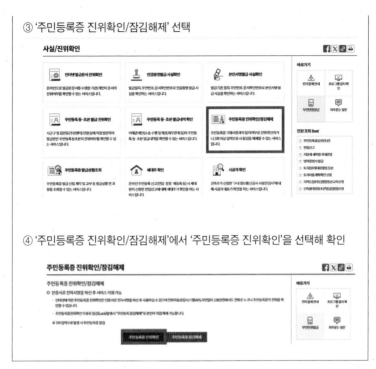

④ '주민등록증 진위확인/잠김해제'에서 '주민등록증 진위확인'을 선택해 확인

〈이미지 출처 : 정부24〉

대리인과 계약 시 적법한 대리인인지 확인하기

임차인이 임대인의 대리인과 계약을 체결하는 경우에는 적법하게 대리
권을 수여받은 대리인인지를 알 수 있는 서류들을 제출받아 확인해야
한다. 이러한 서류에는 위임장, 인감증명서/본인서명사실확인서(발급 3
개월 이내), 임대인의 신분증 사본 등이 있다. 인감증명서의 경우 진위 및

본인 발급 여부를 확인한다. 또한 대리인의 신분증도 제시받아 동일인 여부를 반드시 확인할 필요가 있다.

위임장은 법으로 정해진 양식이 별도로 있지는 않다. 다만 통상적으로 다음과 같은 내용이 포함되어야 한다.

---

① 위임인(임대인)의 인적 사항 : 임대인의 성명, 주민등록번호, 주소, 연락처 기재
② 수임인(대리인)의 인적 사항 : 대리인의 성명, 주민등록번호, 주소, 연락처 기재
③ 부동산의 표시 : 전세 계약 대상 주택의 등기사항전부증명서상 주소 기재
④ 위임 내용 : 계약의 어느 범위까지 위임하는지를 명시한다.
　　　　　　예를 들어 '위 주택 임대 계약 과정 일체를 위임함'과 같이 기재
⑤ 위임 일자
⑥ 인감도장 날인 : 인감증명서에 날인된 것과 같은 도장이어야 한다.

인감증명서의 진위를 확인하는 것도 중요한데, 인감증명서 원본을 복사해 보면 그 진위를 바로 확인할 수 있다. 인감증명서를 복사하면 '사본'이라는 글자가 나타나는데, 그 자리에서 복사하여 '사본'이라는 글자가 찍히지 않으면 위조된 인감증명서라고 보면 된다.

다음은 정부24 사이트에서 '인감증명발급 사실확인'을 하는 방법이다.

정부24에서 '인감증명발급 사실확인' 하는 방법

① 정부24 홈페이지(https://www.gov.kr) 접속

② '민원서비스' 중 '사실/진위 확인' 선택

③ '사실/진위확인'에서 '인감증명발급 사실확인' 선택

④ 발급일자, 주민등록번호, 확인용 발급번호, 입력확인 기재 후 '확인' 선택

인감증명발급 사실확인		※ 표시는 필수 입력사항입니다.
＊ 발급일자		(예: 20160803)
＊ 주민등록번호	—	※ 주민등록번호 수집근거(전자정부법 시행령 제90조)
여권번호		※ 주민등록번호가 없는 경우 여권번호를 입력하세요.
＊ 확인용 발급번호	— —	
＊ 입력확인	※ 아래의 숫자를 입력하세요. 087284 새로고침 음성듣기	

인감증명 발급사실을 확인하고자 하는 경우에는 인감증명을 발급한 발급일자,
주민등록번호 및 확인용발급번호를 입력한 후 '확인' 버튼을 누르세요.
본 웹사이트에 게시된 정보는 프로그램이나 그 밖의 기술적 장치를 이용하여 무단으로 사용할 수 없으며,
이를 위반시 관련법령에 의해 차별될 수 있음을 알려드립니다.

확인   취소

인감 증명서 예시

■ 인감증명법 시행령 [별지 제14호서식]

인감증명서 발급사실 확인용 번호	1250 - 31 - 1
신청인:홍길동 (생년월일: 1986.01.01.),	담당자: 김담당 (전화: 02-0000-0000)

※ 이 용지는 위조식별표시가 되어 있음

주민등록 번호	1 2 3 4 5 6 - 1 2 3 4 5 6 7	**인감증명서**	본인	대리인
			○	
성명 (한 자)	홍길동 (洪吉同)	주민등록번호 또는 여권번호	인감	
국적				
주소	경상북도 포항시남구 구룡포읍 병포리			

용 도	매 도 용	[ ] 부동산 매수자, [ ] 자동차 매수자			
		성 명 (법인명)		주민 등록번호 (법인등록번호)	-
		주 소 (법인·사업장 소재지)			
		위의 기재사항을 확인합니다. (발급신청자)		(서명)	
	일 반 용				
비고					

1. 인감증명서 발급사실통보서비스를 신청하면 발급 사실을 휴대폰 문자로 즉시 통보받을 수 있습니다.
2. 인감증명서 발급 신청인이 본인인 경우에는 본인란에, 대리인이 신청하는 경우에는 대리인란에 ○표시합니다.
3. 주민등록번호란에는 이주민등록 재외국민의 경우 여권번호, 국내거소신고자의 경우에는 국내거소신고번호, 외국인의 경우에는 외국인등록번호를 기재하여, 주민등록번호가 있는 경우 그 아래에 ( )를 하고 주민등록번호를 기재할 수 있습니다.
4. 민원인이 요청하는 경우 주소이동사항을 포함하여 발급합니다.
5. 부동산 또는 자동차(「자동차관리법」 제5조에 따라 등록된 자동차를 말합니다) 매도용으로 인감증명서를 발급받으려면 매수자의 성명, 주민등록번호, 주소를 확인하고 서명하여야 합니다. 다만, 부동산 또는 자동차 매도용 외의 경우에는 "빈칸"으로 표시됩니다.
6. 용도의 일반용란은 '은행제출용', 'OO은행의 대출용으로만 사용' 등 자유롭게 기재할 수 있습니다. 다만, 피한정후견인의 인감증명서를 발급하는 경우에는 담당 공무원이 신청인에게 구체적인 용도를 확인하여 직접 기재하여 발급하여야 합니다.
7. 매수자가 개인사업자인 경우 대표자의 성명, 주민등록번호를 작성하되, 주소는 사업장소재지를 기재합니다.
8. 미성년자, 피한정후견인, 피성년후견인의 표시와 미성년자의 법정대리인, 한정후견인, 성년후견인의 성명 및 주민등록번호의 기재는 비고란에 합니다.
   비고란은 개명한 사람인 경우 개명 전 성명 등 민원인 요청사항을 기재하면 됩니다.
9. 인감증명서의 발급사실은 전자민원창구(ww.minwon.go.kr)를 통하여 개발급일, 인감증명 발급사실 확인용 번호, 주민등록번호, 발급기관」으로 확인할 수 있습니다.
10. 인감증명서와 동일한 효력이 있는 본인서명사실확인서는 미리 신고해야 하는 불편없이 전국 읍면사무소 및 동주민센터에서 바로 발급이 가능한 편리한 제도입니다.

발급번호	No. 31	위 인감은 신고되어 있는 인감임을 증명합니다.

2020년 01월 01일 **발급일자**

경상북도 포항시 남구 구룡포읍장 직인

〈출처 : 정부24〉

임대차계약서를 대리인과 작성했다면 임대차계약서에 대리인의 서명(또는 날인)도 반드시 받아야 한다. 이를 간과해 임대인의 도장만 찍고 대리인의 서명(또는 날인)은 간과하는 경우가 종종 있는데 이럴 경우 전세보증금반환보증보험 가입이 불가능하기 때문이다. 대리인은 위임장 등의 형식을 갖춰 정식으로 임대인에게 위임받은 주체인 만큼 담당 기관은 계약서상에 모든 주체가 명백히 드러날 것을 요구하므로, 계약서 작성 시 이를 빈틈없이 챙겨야 한다.

절대 계약하지 말아야 할 대리인

임차할 주택을 찾다 보면 주택관리업체라는 업체와 임대차 계약을 체결할 때가 있다. 주택관리업체는 소유자인 임대인들과 매월 얼마씩 보내주기로 별도 계약을 한 후, 임대인처럼 주택을 관리하는 경우도 있고, 임대인에게 주택관리 및 계약 대리사무 업무만 위임받아 임대인으로부터 얼마씩 받는 경우도 있다. 이때 주택관리 업체는 소유자로부터 위임장을 받아 대리인으로서 임대차계약을 체결한다. 또 보증금과 월세에 대한 수령도 주택관리업체가 하는 경우가 있다.

그런데 이러한 경우에 사고가 발생할 확률이 높다는 게 문제다. 우리가 매스컴에서 종종 들어왔던, 나도 모르게 전세가 월세로 바뀌어서 보증금을 날리는 사고가 대표적인 경우이다.

또한 주택관리업체들은 자신들이 만든 임대차계약서 양식으로 계약하는데,

'보증금'이라는 표현 대신(보증금 란은 공란) '예치금'(실제 납부한 보증금을 여기에 기
재)이라는 표현을 사용하면서 이를 보증금과 같은 것이라 설명하고는 예치금
으로 보증금을 수령한다. 이렇게 되면 관리업체가 부도 또는 잠적할 경우 임차
인의 보증금은 구제받기 어렵게 되어 전세 사기를 당하게 되는 것이다.

이는 가급적 주택관리업체와 계약을 피해야 하는 이유로, 그럼에도 만약 주택
관리업체와 계약해야 한다면 앞에서 설명한 대리인 계약의 경우와 동일한 기
준으로 계약을 진행해야 함을 명심하자.

소유자에게 임대 의사 확인하기 (영상 통화 or 유선 통화)

대리인이 위임장, 인감증명서, 임대인의 신분증 사본 등을 갖추었고,
임차인이 그 진위까지 확인한 결과 외형적으로는 아무런 문제가 없어
보인다고 하더라도 마지막으로 임대인 본인과 전화 통화(가능하다면 영상
통화)로 임대 의사를 확인해야 한다.

특히 대리인이 임대인의 배우자 또는 직계존비속 등 임대인과 가까
운 사이라면 대리권을 가지고 있는 것과 같은 외형을 만들어내는 것은
그리 어렵지 않은 탓에 임대인으로부터 대리권을 수여받지 않았음에도
대리권을 수여받은 것처럼 계약을 체결해 이와 관련한 법적 분쟁이 심
심치 않게 발생하기도 한다.

따라서 임대인을 대리하는 사람이 임대인의 배우자 또는 직계존비속

등 임대인과 가까운 사람이라면, 전세 계약을 체결하면서 반드시 임대인의 임대 의사를 확인하고 전화 통화 내용을 녹음해 전세 계약 종료 후 보증금을 전부 반환받을 때까지 보관해두는 것이 좋다.

이렇게 녹음하면 합법! 동의 없이 다른 사람 사이의 대화를 녹음하는 것은 통신비밀보호법 위반이지만, 대화에 참여하고 있는 당사자가 상대방과의 대화를 동의 없이 녹음하는 것은 위법이 아니랍니다.

계약서에 기재된 건물 주소와 등기부등본, 건축물대장 주소가 일치하는지 확인하기

전입신고를 해야 할 건물의 동·호수와 등기사항전부증명서, 건축물대장 등 공부상의 표시가 다른 경우에는 주택임대차보호법상의 대항력, 우선변제권 등이 적용되지 않으므로 반드시 주의해야 한다.

예를 들어 실제 동·호수가 '가동 101호'인 신축 다세대주택을 임차해 사전 입주하면서 '가동 101호'로 전입신고를 마쳤는데 나중에 준공검사 후 건축물대장이 작성되면서 '라'동으로 등재되고 그에 따라 등기사항전부증명서에도 '라'동으로 등재되어 버리면 주민등록 전입신고와 공부상의 표시가 불일치하게 되어 주택임대차보호법상의 보호를 받지 못하게 된다. 만약 실제로 이러한 경우가 발생한다면 즉시 주민등록 정정신고를 해야만 그때부터 주택임대차보호법을 적용받을 수 있다. 주민등록 정정 신고는 정부24 홈페이지(https://www.gov.kr)에서 '주민등록 정정(말소) 신고'를 검색하면 신청서비스를 찾을 수 있고, 신고서를 작성해 제출하면 된다. 이후 '서비스 신청내역'에서 처리 완료되었음이 확인되면 주민등록등본을 발급해 정확한 현주소가 기재되었는지 확인한다.

참고로 부동산 계약을 진행하다 보면 사용 연수가 오래된 부동산에서 간혹 등기사항전부증명서와 건축물대장상 소유자가 다르거나, 부동산의 면적이 다른 경우가 있다. 이런 경우 소유권은 등기사항전부증명서에 따르며, 면적 등이 다를 경우에는 건축물대장상의 면적을 기준으로 한다는 것도 알아두면 좋다.

이렇게 계약서 작성 시 다른 부분이 있다면 위 기준에 따라 계약서를 작성하고 임대인에게 정정해 달라고 요구해야 한다. 가능하다면 계약서 특약에도 대장(등기사항전부증명서, 건축물대장 등) 내용을 올바르게 정정해 줄 것을 계약 해제/무효 조건으로 포함해서 작성하면 좋을 것이다.

임대인, 임차인, 공인중개사의 인적 사항이 기재 내용과 일치하는지 확인하기

전세 계약서에 기재된 임대인, 임차인, 공인중개사의 인적 사항(이름, 등록번호 등)이 실제와 다르게 기재돼 있다면 전세보증금반환보증보험 가입이 거부되는 등 예기치 못한 불이익이 발생할 수 있으므로 실제와 일치하게 기재되었는지를 꼼꼼히 확인할 필요가 있다.

공인중개사는 ①공인중개사 자격증(원본), ②중개업소개설등록증(원본), ③공제증서, ④중개보수요율표, ⑤사업자등록증, ⑥현금영수증 의무발행 가맹 스티커, 이렇게 6가지 사항을 부동산중개소 사무실에 필수로 게시하게 되어 있다. 임차인은 물건 찾는 과정, 계약서 체결 과정에서 중개업소에 게시된 정보와 비교하여 계약을 진행하는 중개사가 동일인인지, 계약서에 표기된 중개업소의 정보가 맞는지 확인하고 계약을 진행하면 중개업자의 사기를 사전에 방지할 수 있다.

사전에 협의한 특약사항이 빠짐없이 기재돼 있는지 확인하기

가계약 시 혹은 사전에 집주인과 협의했던 특약사항 중 빠진 부분은 없는지, 협의한 내용대로 기재되어 있는지도 확인해야 법적 분쟁을 예방할 수 있다.

계약금 입금 계좌 명의인이
집주인의 이름인지 확인하기

통상적으로 전세 계약이 체결되어 계약서를 작성하면 임차인이 보증금의 10% 상당을 임대인에게 계약금으로 지급하게 된다. 이때 만일 계좌이체 방식으로 계약금을 지급하는 경우라면 계약금이 입금될 계좌의 명의인이 임대인과 동일인인지를 반드시 확인한 후 송금해야 한다.

그리고 만일 임대인의 사정으로 불가피하게 대리인, 공인중개사 등 제3자 명의의 계좌로 송금하는 경우라면 임대인으로부터 영수증을 받거나 이체 확인증 등 최종적으로 임대인에게 지급된 사실을 확인할 수 있는 자료를 확보해야 한다. 영수증을 받을 때는 임대인의 자필 서명과 날인도 함께 받도록 한다.

그런데 전세보증금반환보증보험에 가입하는 경우 실무상 보증회사에서는 임대인이 작성해준 영수증만으로는 보증금 지급 사실을 인정하지 않는 경우가 있으므로, 전세보증금반환보증보험에 가입하는 경우라면 반드시 보증금을 임대인 명의의 계좌에 송금한 이체 확인증을 확보해 두는 것이 안전하다.

부동산 중개수수료 협의하기

전세 계약 체결을 통해 공인중개사가 받는 중개수수료는 거래금액에다 상한 요율을 곱한 금액의 한도 내에서 중개의뢰인과 공인중개사가 협의하여 정하게 되어 있다. 하지만 중개수수료에 관해 공인중개사와 협상하는 것은 쉽지 않다. 필자조차도 판사 시절 전세 계약을 체결하면서 공인중개사와 중개수수료에 대해 협상해 볼 엄두도 내지 못했던 것 같다.

애초에 중개수수료를 협의하여 정한다는 사실조차 알리지 않고 상한 요율에 해당하는 금액을 마치 법정 중개수수료인 것처럼 요구하는 경우가 대부분이다. 하지만 중개수수료가 너무 과다하여 경제적으로 부담이 된다면 그 금액의 조정을 요구해 볼 수는 있을 것이다.

4단계 :
이사 당일
확인할 내용

잔금 지급 전 다시 한번
등기사항전부증명서 확인하기

이사를 하는 당일에도 등기사항전부증명서를 다시 한번 확인한다. 등기 내용에 변동이 없는지 확인하고, 등기신청사건 처리 현황도 다시 한번 확인한다. 임대인에게 잔금을 지급하기 전에 확인해야 한다.

만약 계약 체결 당시와 달라진 사항이 있다면 임대인에게 우선 시정을 요구하고, 시정이 불가능한 사항이면 계약서에 기재된 특약에 따라 전세 계약을 해제하고 임대인에게 그때까지 지급한 금원(보증금의 계약금 및 중도금)의 반환을 요구한다.

불안하다면 집주인에게 '이것'을 요구할 수 있다! 임차인이 잔금을 치름과 동시에 임대인은 은행에서 해당 부동산의 근저당을 말소해야 합니다. 하지만 잔금일에 임대인이 근저당 말소를 신청해도 실제 등기사항전부증명서에 반영되기까지는 3, 4일의 시간이 걸리죠. 그 기간 동안 등기사항전부증명서로 근저당 말소를 확인할 수 없는 만큼, 임대인에게 당일 접수한 근저당 말소 등기 신청 접수증을 달라고 요청하는 것도 불안감을 해소할 수 있는 방법이겠죠?

다가구주택의 확정일자 부여 현황 확인하기

앞서 본 바와 같이 공인중개사나 임대인으로부터 선순위 임대차보증금을 확인하고 이를 특약사항으로 추가했다고 하더라도 혹시나 임대인이 나쁜 마음을 먹었다면 다가구주택의 전세 입주 후 소중한 전세보증금을 떼먹힐 위험이 아예 없는 것은 아니다. 따라서 전세 계약서를 작성했다면, 입주 전 주민센터에서 확정일자 부여 현황을 확인해서 앞서 공인중개사나 임대인으로부터 확인한 선순위 임차보증금과 실제 건물에 잡힌 선순위 임차보증금이 일치하는지 정확히 확인할 필요가 있다.

전세 계약 체결 후에는 임대차 정보제공 요청서를 작성한 후 임대차계약서를 첨부하여 주민센터에 방문하면 확정일자 부여 현황 등의 정보를 제공받을 수 있으나, 전세 계약 체결 전에는 임대차 정보제공 요청서, 임대인의 동의서, 임대인의 신분증 사본 등이 필요하기 때문에 임대인의 협조 없이는 임차인이 임대차 정보를 직접 확인하는 것이 불가능하다.

따라서 '만약 임대인이 임대차 정보제공에 동의해 주지도 않고 확정일자 부여 현황도 제시하지 않는 경우에는 임차인은 위약금 없이 전세 계약을 해제할 수 있다'는 내용으로 특약사항을 기재하는 것이 좋다. 확정일자 부여 현황은 대법원 인터넷등기소에서 온라인 열람도 가능하다.

다가구주택의 전입세대확인서 열람 또는 교부 신청하기

전입세대확인서는 해당 주소지에 실제 누가 전입해 거주하는지에 관한 정보를 확인하는 서류이다. 다가구주택의 경우 임차인의 전입일자와 확정일자를 모두 알아야 대항력이 언제 생겼는지 알 수 있고 이를 토대로 경매 절차에서 배당 순위의 검토가 가능하기 때문에 전입세대확인서를 통해 전입세대와 실제 전입일자를 확인할 필요가 있다.

전입세대확인서는 개인의 신상정보가 들어있기 때문에 해당 건물의 소유자, 임차인, 매매 계약자 또는 임대차 계약자 본인이나 본인의 위임을 받은 자 등 이해관계인만 발급할 수 있다. 임대인의 경우 신분증만, 그리고 임차인은 신분증과 임대차계약서를 가지고 해당 주민센터를 방문해 전입세대확인서 열람 또는 교부 신청서를 작성해 제출하면 발급받을 수 있다. 전입세대확인서 열람(발급)의 경우 인터넷 발급이 불가능하고 주민센터에 방문해서 신청해야 한다.

잔금은 반드시 임대인 명의
계좌로 송금하기

잔금은 가계약금, 계약금과 마찬가지로 반드시 임대인 명의의 계좌로 송금하고, 가능하면 영수증도 받아두는 것이 좋다. 영수증에는 임대인의 자필 서명 및 날인을 받아둔다.

금융기관으로부터 전세자금대출을 받아 잔금을 치르는 경우 원칙적으로 상품 종류에 상관없이 대출금은 임대인의 통장으로 입금된다(다만, 임차인이 본인 돈으로 보증금을 선납한 경우에는 대출신청자인 임차인의 통장으로 입금이 가능하다). 혹시 임대인에게 보증금이 제대로 지급됐는지 불안하다면 대출받은 금융기관으로부터 이체(송금) 확인증을 받아두면 된다.

공과금 사전 정산이
완료됐는지 확인하기

임차 주택이 아파트인 경우에는 관리사무소에 방문해 종전 세입자가 이사 당일까지의 공과금을 모두 정산했는지 확인한다. 관리사무소가 없는 임차 주택의 경우에는 임대인이나 공인중개사에게 이전 임차인이 공과금을 사전 정산했는지 문의해 확인한다. 세대별 분리 징수되는 공과금의 경우에는 우편함에 고지서나 독촉장이 쌓여있는지를 통해서도 어느 정도 확인이 가능하다.

집주인과 사전 협의한 옵션과
수리가 완료됐는지 확인하기

계약 체결 당시 임대인과 협의한 옵션의 설치 및 작동 여부, 고장 및 파손된 부분의 수리 여부도 반드시 확인해야 하며, 만일 협의한 대로 제대로 이행되지 않았다면 다시 그 이행을 요구해야 한다.

전입신고, 확정일자 신청,
주택임대차 계약 신고하기

이사를 어느 정도 마쳤다면 이사한 집 주소의 관할 주민센터를 방문해 전입신고를 한다. 확정일자는 임대인에게 잔금을 지급하기 전에도 신청할 수 있다. 다만 우선변제권이 발생하기 위해서는 대항력의 요건까지 갖춰야 하므로 확정일자를 미리 신청한다고 해서 그에 따라 우선변제권이 미리 발생하는 것은 아니다.

그럼에도 불구하고 확정일자를 먼저 신청하는 것은 임차인이 대항력을 갖추기 전 임대인이 기습적으로 임차 주택을 담보로 대출을 받아 근저당권을 설정해 임차인보다 앞서는 선순위 채권이 생기는 것을 방지하기 위한 것이다.

1장에서 설명한 바와 같이 임차인의 대항력은 임차 주택을 인도받고 전입신고를 하면 전입신고 다음 날 0시부터 효력이 발생한다. 따라서 임차인이 전입신고를 한 당일 임대인이 임차 주택을 담보로 대출을 받아 근저당권을 설정하면 순서상으로는 전입신고가 앞서더라도 효력 발생 시기가 늦은 임차인이 후순위가 된다.

이를 방지하기 위해 국토교통부에서는 2023년 1월 무렵부터 은행에서 주택담보대출을 심사하면서 한국부동산원을 통해 담보가 되는 주택에 관한 확정일자 부여 현황을 확인할 수 있는 '금융권 확정일자 정보연계 시범사업'을 실시했다. 처음에는 우리은행에서 시범적으로 운영하다가 이후 KB국민은행, 신한은행, NH농협은행, 하나은행으로 확대됐고 2023년 12월 무렵부터는 기업은행, 저축은행중앙회, 신협, 농협중앙회, 산림조합, 새마을금고 등에서도 시행하고 있다.

따라서 임차인이 확정일자를 받아놓으면 임대인이 은행에서 임차주택에 대해 담보대출을 받으려고 해도 은행에서 해당 주택에 대한 확정일자를 확인하고 임차인의 보증금을 감안해 대출을 실행하게 되므로 임차인의 피해 예방에 도움이 될 수 있다.

그러나 만약 이사 전에 확정일자를 받지 않았다면 이사 당일 확정일자도 함께 받는다.

또한, 보증금 6천만 원, 혹은 월 임대료 30만 원을 초과하는 주택임대차 계약에 대해서는 주택임대차 계약 체결일로부터 30일 이내에 계약 당사자가 임대 기간, 임대료 등 계약 주요 내용을 신고하도록 의무화됐으므로(2024. 5. 31. 계도기간 종료), 관할 주민센터에서 전입신고할 때 같이하면 된다.

5단계 :
이사 후
확인할 내용

이사 완료 후 중개수수료 지급하기

이사 완료 후 잔금 지급까지 마쳤다면 공인중개사와 사전에 협의된 중개수수료를 지급한다. 중개수수료는 현금영수증 의무 발행 대상이므로 반드시 현금영수증을 요구해야 한다. 그래야 연말정산에서 소득공제가 가능하다.

집주인이 보증보험에 가입해주기로
했다면 보증서 사본 요청하기

집주인이 임대사업자인 경우 전세보증금반환보증보험 가입이 의무이므로 집주인이 보증보험에 가입했다면 보증서의 사본을 요청해 보관한다. 보증서가 나오기까지 꽤 긴 시간이 소요되니, 임대인이 보증보험을 접수한 당일 접수확인증을 달라고 해 보관하는 것이 좋다.

집주인이 보증보험에 가입하지 않은 경우 전세보증금반환보증보험 가입하기

전세보증금반환보증보험은 전세 계약 종료 후 임대인이 임차인에게 반환해야 하는 전세보증금의 반환을 책임지는 보험 상품이다. 사실상 임차인을 보호하는 가장 실효성 있는 수단이므로 가능하다면 반드시 가입하도록 한다. 각 취급 기관마다 상품의 명칭은 다르지만, 편의상 '전세보증금반환보증보험'으로 통칭한다. 자세한 사항은 다음 장에서 설명한다.

수시로 등기사항전부증명서 발급받아 변동사항 확인하기

전세 계약 기간 중 등기사항전부증명서는 아무리 자주 발급받아 확인하더라도 지나치지 않다. 소유자 및 권리관계의 변동이 있는 경우 즉시 조치를 해야만 그나마 손해를 줄이고 소중한 나의 전세보증금을 지킬 수 있다는 점을 꼭 명심하자.

신변꿀팁

발급 수수료 700원 아끼자고 전세금 날릴래? 이렇게 강조해도 등기사항전부증명서를 한 번도 안 떼본 사람이 태반이라는 사실, 놀랍죠? 일일이 발급 수수료 내며 확인하기도 귀찮고 '설마, 나한테 그런 일이 일어나겠어?' 싶겠지만, 전세 사기는 그 허술함을 틈탄다는 사실, 명심하자고요.

4장

보증금을 지키는
가장 현실적인 방법

전세 사기가 전국적으로 기승을 부리면서 전세 사기를 예방할 가장 현실적이고 효과적인 대비책으로 알려져 최근 들어 더욱 각광받는 전세보증금반환보증보험. 그러나 전세보증금반환보증보험에 한 번 가입하는 것만으로는 온전히 전세보증금을 지킬 수는 없다. 따라서 이 장에서는 실제 법적 분쟁으로 이어진 사례를 곁들여 전세보증금반환보증보험에 가입할 때부터 전세보증금 반환을 청구할 때까지 주의해야 할 사항과 그 절차에 대해서 단계별로 살펴보려고 한다.

전세보증금반환 보증보험이란

전세 계약이 종료되었음에도 임대인이 임차인에게 보증금을 반환하지 못할 경우 임대인 대신 임차인에게 보증금을 반환하고 임대인에게 그 금액을 돌려받는 상품을 의미한다. 임차인이 전세보증금 중 일부를 은행에서 대출을 받아 마련한 경우 임차인이 은행에 대출채무를 갚지 못할 때를 대비해 가입하는 전세자금보증보험과 구별해야 한다.

현재 전세보증금반환보증보험 상품을 취급하는 기관은 HUG주택도시보증공사, SGI서울보증, HF한국주택금융공사가 있다. 가입하는 사람이 임차인인지 임대인인지에 따라 가입하는 상품이 다르고 임차인이 법인인지 개인인지에 따라 가입할 수 있는 보증보험이 다를 수 있다.

최근에는 역전세로 인해 임대인이 임차인에게 전세보증금을 반환하기 위한 특례대출이 시행되면서 특례대출을 받은 임대인과 임대차 계약을 체결할 다음 임차인(보증금 감액 후 갱신되는 계약의 임차인을 포함한다)을 위해 의무적으로 가입하도록 한 전세보증금반환보증제도(특례)도 있다.

자세한 내용은 HUG주택도시보증공사(www.khug.or.kr), SGI서울보증(www.sgic.co.kr), HF한국주택금융공사(www.hf.go.kr)의 각 홈페이지를 방문하면 확인할 수 있다.

보증보험 가입할 때
주의해야 할 사항

전세보증금반환보증보험은 온라인으로도 가입할 수 있다. 온라인이 편리한 수단이라는 점은 부정할 수 없지만, 온라인으로 가입할 경우 자칫 약관의 중요한 내용을 이해하지 못한 상태에서 가입할 우려가 있으므로 전세보증금반환보증보험에 가입할 때만큼은 각 보증보험사 또는 위탁기관에 직접 방문해 신청할 것을 적극 권한다.

위 각 취급 기관에서 보증상품에 가입할 때 임차인이 작성하는 보증신청서(계약서)는 보증보험사가 여러 명의 임차인과 계약을 체결하기 위해 일정한 형식으로 미리 마련한 계약의 내용인데, 이를 법에서는 '약관'이라 부른다. 그리고 각 보증보험사에서는 계약 체결 당시에 각 보증약관의 중요 내용에 관하여 임차인에게 설명하고 명시할 의무를 부담한다.

전세보증금반환보증보험의 약관에는 각 보증보험사가 보증이행을 거절할 수 있는(보증금의 지급을 거절할 수 있는) 사유와 면책 규정이 있는데, 임대인이 보증금을 반환하지 않을 때 임차인이 각 보증보험사로부터 문제없이 보증금을 받으려면 보증이행거절 사유와 면책사유에 해당하는 일이 발생하지 않도록 주의를 기울여야 한다. 보증보험에 가입할 때 약관의 중요한 내용에 관해 설명을 들은 바 없는 임차인들이 예상치 못한 피해를 보고 소송까지 가는 경우가 상당하다. 필자도 위와 관련하여 소송을 대리한 적이 있다.

이때 소송에서 임차인들에게 결정적으로 불리한 증거가 되는 것은 '약관의 중요한 내용에 관하여 설명을 들었고 충분히 이해했다'고 임차인이 서명한 확인서이다. 실제 가입 절차에서는 약관에 대한 설명을 들은 사실이 없음에도(심지어는 약관을 교부받지 못한 경우도 있다) 위와 같은 확인서에 서명 날인을 하면 자신의 의사와는 상관없이 약관의 중요한 내용에 관하여 설명을 들은 것이 되어 버린다.

따라서 만약의 사태를 대비해 직접 각 보증보험사 또는 위탁 기관을 방문해 가입을 신청하고 약관에 대한 설명을 요구하자. 가급적 그 내용을 녹음해서 보관할 것을 권한다. 그리고 약관의 내용에 관해 설명을 듣지 않은 상태에서 '약관의 중요한 내용에 관해 설명을 들었고, 이해했다'는 취지의 확인서에 자필 서명, 날인을 하는 일은 절대 없어야 한다.

취급 기관별 전세보증금반환 보증보험 상품의 개요 및 요건

HUG주택도시보증공사

주택도시보증공사에서 임대인의 전세보증금 미반환에 대비해 임차인이 가입할 수 있는 상품에는 '전세보증금반환보증'과 '전세금안심대출보증'이 있다. '전세금안심대출보증'은 '전세보증금반환보증'과 '전세자금대출특약보증'을 결합한 상품이다.

전세보증금반환보증

임차인이 신청하는 상품이다. 신규로 체결한 전세 계약의 경우에는 전세 계약서상 잔금 지급일과 전입신고일 중 늦은 날로부터 전세 계약 기간의 1/2을 경과하기 전에 신청해야 하고, 갱신하는 전세 계약의 경우에는 갱신 전세 계약서상 전세 계약 기간의 1/2이 경과하기 전에 신청해야 하므로 기한을 놓치지 않도록 주의해야 한다.

  신청 전 신청하려는 주택에 거주하면서 전입신고와 확정일자를 받아야 하고, 건축물대장을 발급받아 봤을 때 위반건축물로 확인되거나 임차인이 금융기관에서 전세자금 대출을 받으면서 임차인이 자신의 전세보증금반환채권에 질권[1]을 설정해준 경우 또는 금융기관에 전세보증금반환채권을 양도한 경우에는 가입이 불가능하다.

전세금안심대출보증

전세보증금반환보증보험에 전세자금대출특약보증이 결합된 상품으로, 임차인에 대한 전세보증금반환과 금융기관에 대한 전세자금대출의 원리금 상환을 함께 책임지는 보증상품이다. 임차인이 전세보증금을 마련하기 위해 금융기관에서 대출을 받았을 때 선택할 수 있다.

  마치 두 가지 상품이 결합해 하나로 취급되는 것으로 보이지만, 실제로 문제가 된 사례를 보면 주택도시보증공사 내부에서는 별개로 관리하기 때문에 임차인 입장에서 좀 더 신경 써야 할 부분이 있다.

---

[1] 채무자가 돈을 갚을 때까지 채권자가 담보물을 간직할 수 있고, 채무자가 돈을 갚지 않을 시 그것으로 우선 변제를 받을 수 있는 권리

SGI서울보증

전세금보장신용보험

서울보증보험에서 취급하는 전세금보장신용보험은 임차인이 개인인 경우와 법인인 경우로 나뉘어 있다.

HF한국주택금융공사

일반전세지킴보증

한국주택금융공사에서 임차인이 가입하는 상품으로는 일반전세지킴 보증이 있다. 다만, 한국주택금융공사에서 전세자금보증을 이미 이용하고 있거나, 이용하고 있지 않더라도 전세자금보증과 함께 신청해 전세자금보증부대출이 실행돼야만 가입할 수 있다.

특례전세지킴보증(임차인용)

DSR(총부채원리금상환비율) 규제 완화를 적용받아 전세금 반환 목적 주택담보대출을 이용한 임대인이 다음 임차인과 임대차 계약 체결 시, 임대인이 다음 임차인의 전세금 보호를 위해 의무적으로 가입하는 상품 (2023. 7. 27. 출시)이다. 임차인이 가입하고 집주인이 보증료를 납부하는 상품이며, 2025. 9. 30. 이전까지 개시되는 임대차 계약에 한해 신청이 가능하다.

임대인이 가입하는 특례전세지킴보증은 임대인이 직접 가입하는 상품으로 임차인이 전입하기 전에도 신청할 수 있고 임대인 동일인당 30억 원, 신청 건당 10억 원을 보증 한도로 한다는 점에 차이가 있다.

전세보증금반환보증보험과 관련한 실제 분쟁 사례

주택도시보증공사의 전세금안심대출 보증보험에서 특약보증기간만 연장된 사례

앞서 설명한 바와 같이 주택도시보증공사의 '전세금안심대출보증보험'
은 전세보증금반환보증에 전세자금대출특약보증을 결합한 상품이다.
금융기관에서 전세보증금 마련을 위해 대출을 받은 임차인들에게 편
의를 제공하기 위한 상품으로 보이나, 사실상 두 개의 보증이 하나처럼
결합해 운용되면서 예상치 못한 분쟁이 발생하는 경우가 있다. 실제로
문제가 된 사례를 들어 설명하겠다.

보증서의 비교

전세금반환 보증서	전세금안심대출 보증서

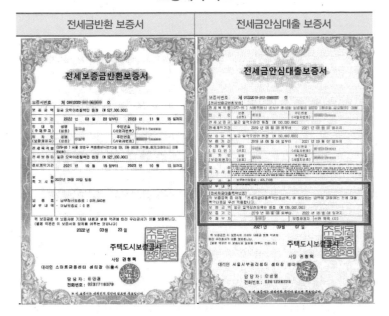

   왼쪽은 전세보증금반환보증보험 가입 후 발급받는 보증서이고, 오른쪽은 전세금안심대출보증보험 가입 후 발급받는 보증서이다. 전세금안심대출보증서의 경우 하단에 [전세자금대출특약보증]란이 있지만, 보증서는 한 장짜리로 발급되고 보증서에 기재된 보증서 번호도 전세보증금반환보증의 보증서 번호 하나이기 때문에 임차인의 입장에서는 하나의 보증보험에 가입한 것으로 오인하기 쉽다.

   그러나 사실 엄밀하게 말하면, 전세금안심대출보증서는 별개인 두 개의 보증보험에 대한 보증서라고 할 수 있다. 보증서에 전세자금대출특약보증번호가 별도로 기재돼 있지는 않으나 주택도시보증공사에서는 내부적으로 전세자금대출특약보증에 대해 별개의 보증번호를 부여해 관리한다.

문제가 된 실제 사례는 다음과 같다.

① 임대차 계약 체결 이후 임차인 모르게 임대인이 변경됐고, 임대차 계약 기간 중 임차인이 임대인 변경 사실을 알고 주택도시보증공사에 임대인 변경을 통지해 변경된 보증서를 발급받았다.

② 이후 임차인은 임대차 계약의 종료를 위해 임대인에게 계약 종료의 의사표시를 하려고 했으나 임대인의 주소와 전화번호 등 연락처를 알지 못해 주택도시보증공사에 도움을 청했는데, 의사표시의 공시송달 절차를 밟고 금융기관에서 받은 대출을 연장하는 사이에 임대차 계약이 묵시적으로 갱신돼 버렸다.

③ 은행에서는 그 와중에 임차인을 위해 보증기간의 연장 절차를 진행해주었고, 임차인은 연장된 보증기간 내에 어찌어찌하여 변경된 임대인에게 계약 종료의 의사표시를 해 임대인에게 도달했으며, 관련 서류를 주택도시보증공사에 제출하고 보증이행 신청을 했다.

④ 그런데 주택도시보증공사에서는 보증채무를 이행할 의무가 없다면서 임대차보증금을 지급하지 않았다. 주택도시보증공사는 약관 규정

상 임대차 계약이 묵시적으로 갱신된 경우에는 보증을 이행할 의무가 없고, 임차인이 주장하는 보증기간의 연장은 전세금반환보증의 보증기간이 연장된 것이 아니라 전세자금대출특약보증의 특약 보증기간이 연장된 것이므로 임차인의 보증사고는 전세금반환보증보험의 보증기간이 지난 이후에 발생한 것이어서 보증을 이행할 의무가 없다고 주장했다.

⑤ 보증가입 신청 당시 작성한 서류에는 전세보증금반환보증보험과 전세자금대출특약보증의 보증기간을 하나의 칸에 기재하게 되어 있었기 때문에 임차인은 보증기간이 별도로 적용되는 것이라고는 꿈에도 생각하지 못했고 이에 관해서 별도로 설명을 들은 바도 없었으나, 주택도시보증공사에서는 별도의 보증서 번호를 부여해 관리하고 있었던 것이다.

⑥ 그 결과 주택도시보증공사에서는 전세자금대출특약보증에 따라 임차인이 대출받은 채무의 원리금을 임차인 대신 금융기관에 지급했고, 이와 같이 임차인을 대신해 변제한 채무를 임차인에게 청구할 수 있다며 내용증명을 보냈다.

결과적으로 임차인으로서는 공사에게 임대차보증금을 돌려받지 못한 것에 더해 공사로부터 채무를 추심당할 수 있는 상황에 놓인 것이다. 따라서 전세금안심대출보증보험에 가입하는 임차인들은 임대인 또는 보증기간 변경 등으로 인해 변경된 보증서를 발급받을 사유가 생기면 전세보증금반환보증보험의 보증조건과 전세자금대출특약보증보험의 특약 보증조건을 모두 변경해야 하는 것인지 여부를 우선 보증서 발급기관에 문의하여 확인해야 하고(만일의 사태를 대비해 녹음 등 근거를 남겨놓기를 적극 권한다), 기관의 안내를 따라 변경된 보증서를 발급받아야 한다.

전세자금대출보증기관에게 전세보증금 반환채권에 대한 질권을 설정해준 경우

전세보증금반환보증기관과 전세자금대출보증기관이 다른 경우로서 문제가 된 사례의 사실관계를 간단히 정리하면 다음과 같다.

① 임차인은 전세자금대출을 받은 후 금융기관과 A 보증보험회사와의 사이에서 임차인이 대출을 상환하지 않을 경우 보증보험회사가 임차인을 대신해 대출채무를 갚고 임차인에게 돌려받는 전세자금대출보증보험에 가입했다.

② 그 후 금융기관이 임차인의 전세보증금반환채권에 대해 질권을 설정했고, 임차인은 다른 B 보증보험회사에서 전세보증금반환보증보험에 가입했다.

③ 임대인이 전세보증금을 반환하지 못하자 임차인은 B 보증보험회사에 보증채무 이행을 청구했다. 임차인은 B 보증보험회사에서 보증심사를 거쳐 보증이 승인됐으므로 아무런 문제가 없다고 생각하고 있었다.

④ 그러나 B 보증보험회사에서는 전세보증금반환채권에 질권이 설

정되어 있음을 이유로 보증 약관상 면책사유에 해당한다면서 보증 이행을 거절했다.

위 사례의 임차인은 금융기관에서 대출을 받고 B 보증보험회사에서 보증보험에 가입하는 절차를 모두 온라인으로 진행했기 때문에 약관의 중요한 내용에 대한 설명을 들은 적이 없었고, 은행에서 전세보증금반환채권에 질권을 설정하는 것이 담보를 제공하는 것이라는 점에 대해서도 설명을 들은 사실이 전혀 없었다. 그러나 막상 B 보증보험회사에 이행을 청구하자 약관을 이유로 거절당했다.

B 보증보험회사는 질권 설정이 담보 제공에 해당하고, 보증을 이행할 경우 임대차보증금반환채권에 설정된 금융기관의 질권으로 인해 B 보증보험회사가 손해를 입을 것이라는 점은 약관의 설명 없이도 누구나 알 수 있는 사실이므로 B 보증보험회사가 이에 관해 약관을 설명할 의무가 없고, 설령 설명의무가 있다고 하더라도 B 보증보험회사는 약관에 대해 설명을 했다면서, 임차인이 온라인으로 보증가입을 하며 전자서명을 한 서류 중 '약관의 중요한 내용에 관하여 설명을 들었고 이해했다'는 취지의 확인서를 제시했다.

1심에서는 위 확인서를 근거로 B 보증보험회사가 임차인의 보증가입 당시 약관의 중요한 내용에 관하여 설명의무를 이행한 것으로 인정됐고, 임차인은 1심 법원의 이러한 판단에 불복해 현재 항소심 사건이 진행 중이다.

5장

내가 전세 사기
피해자라면?

그러지 않기를 간절히 바라는 마음으로 이 책을 썼지만, 만에 하나 전세 사기의 당사자가 되었다면 지체 말고 다음 단계로 넘어가자.

이 장에서는 계약 갱신 거절 통지의 방법부터 임차권등기명령신청, 전세보증금반환보증보험 이행 청구, 전세금 반환소송 및 경매 신청까지 전세 사기 피해를 인지한 후 보증금을 반환받기 위한 여러 현실적인 방법들을 최대한 간결하고 쉽게 설명하려고 한다. 이제부터는 시간 싸움이다. 발 빠르게 움직이자.

전세 사기를 당했을 때 처리해야 할 우선순위

계약 갱신 거절 통지부터 하기

임차인의 계약갱신 거절(전세 계약 종료) 의사표시가 전세 계약 만료일로부터 2개월 전까지 임대인에게 도달하지 않거나 통지하지 않은 경우 전세 계약은 묵시적으로 갱신된다. 이 경우 보증보험사는 보증채무를 이행하지 않는다. 따라서 전세 계약을 갱신할 의사가 없는 임차인은 반드시 전세 계약 기간이 만료되기 2개월 전까지 계약 종료(갱신 거절)의 의사표시를 하고, 그 의사표시가 임대인에게 도달하도록 해야 한다.

만약 전세 계약 만료일로부터 2개월 전까지 갱신 거절의 의사표시를 하지 못했다면 묵시적으로 갱신된 것이므로 이를 보증보험회사에 알리고 변경된 보증서를 발급받아야 한다.

계약갱신 거절의 의사표시를 하는 방법에는 여러 가지가 있으나, 보증보험사에서는 의사표시가 임대인에게 도달했음을 입증할 수 있는 자료를 임차인의 보증이행 신청 시 함께 제출하도록 하고 있다.

따라서 임차인은 아래의 방법을 참고해서 보증사고 발생 전에 미리 근거자료를 준비해놓는 것이 좋다. 임대인이 의사표시의 통지를 받을 때까지 생각보다 오래 걸릴 수도 있기 때문에 계약 만료일 6개월쯤 전에는 임대인에게 갱신거절의 통지를 할 것을 권한다. 임대인이 여러 명인 공동임대인이라면 각 임대인에게 모두 해야 한다.

갱신 거절 통지 방법① – 임대인에게 내용증명 발송하기

전세 계약을 갱신할 의사가 없고, 전세 계약상 기간이 만료됨에 따라 전세 계약을 종료하겠다는 내용으로 내용증명을 3부 작성한다. 1부는 발송용, 1부는 우체국 보관용(3년 보관), 1부는 발송인 보관용이다. 내용증명 우편물은 배달이 언제 되었는지를 증명하는 '배달증명' 우편물로 발송하고, 발송 시 '반송 불필요'란에 체크하지 않도록 한다. 인터넷우체국 홈페이지(https://service.epost.go.kr/)의 [증명서비스 – 내용증명]에서 온라인으로 작성해서 발송하는 것도 가능하다.

내용증명을 실제로 작성해보면 별것이 아니라는 걸 알게 되지만, 막상 작성하려고 하면 어떻게 작성할지를 몰라 변호사나 법무사를 찾아가 수십만 원을 주고 작성하는 경우가 많다. 오른쪽 내용증명 양식을 참고하면 작성하는 데 도움이 될 것이다.

내 용 증 명

○ 수　신 : 남○현

　　　　　[우06767] 서울 서초구 양재대로2길 90, ○동 ○호(우면동, 서초힐스아파트)

○ 발　신 : 백○정

　　　　　서울 강남구 학동로68길 29, ○동 ○호(삼성동, 힐스테이트)

○ 일　자 : 2024년 4월 10일 수요일

○ 제　목 : 임대차(전세)계약 갱신거절 통지

---

1. 귀하의 건승을 기원합니다.

2. 귀하는 2022. 4. 29. 발신인과 사이에 서울 강남구 삼성동 16-2 삼성동 힐스테이트 ○동 ○호에 관하여 임대차보증금 1,900,000,000원, 임대차기간은 2022. 6. 9.부터 2024. 6. 8.(24개월)까지로 하는 내용의 임대차(전세) 계약을 체결하였습니다.

3. 위 임대차 계약은 2024. 6. 8. 기간만료로 종료할 예정인 바, 발신인은 주택임대차 보호법 제6조 제1항에 따라 위 임대차 계약을 갱신할 의사가 없음을 본 내용증명을 통하여 통보하는 바입니다.

6. 따라서 귀하는 위 임대차 계약이 종료하는 2024. 6. 8. 위 부동산을 인도받음과 동시에 발신인에게 임대차보증금 1,900,000,000원을 반환해주시기 바랍니다.

7. 발신인은 현재 위 임대차 계약의 종료 후 거주할 부동산을 물색하고 있는 바, 추후 임대차보증금의 미반환으로 인해 불필요한 법률 분쟁이 발생하지 않도록 최대한 협조하여 주시기 바랍니다.

2024. 2. 10.

발신인 백○정

내용증명이 반송되는 등으로 임대인에게 도달하지 않은 경우 추가적인 절차가 필요하다. 임대인과 연락이 되는 상황이고 임대인의 협조도 가능하다면 임대인과 임차인 사이의 전세 계약이 갱신되지 않고 종료되었다는 점을 기재한 '전세계약 종료 확인서'를 작성한다. 이때 임의로 작성하지 말고 보증보험사에서 구비하고 있는(보증보험사에 구비된 양식이 있는지 문의해 확인하자) 양식에 맞게 작성한다.

만약 내용증명이 반송됐고 임대인으로부터 협조를 받는 것도 불가능한 상황이라면 혹시 임대인의 주소지가 변경된 것은 아닌지 임대인의 주민등록초본을 발급받아 확인한다. 채권·채무관계 등 정당한 이해관계가 있는 사람이 신청하는 경우에는 본인이 아니어도 주민등록초본의 발급이 가능하고, 임차인은 '정당한 이해관계가 있는 사람'에 해당하므로 임대인의 주민등록초본을 발급받을 수 있다. 반송된 내용증명을 받은 후 신분증, 임대인의 주민등록초본을 발급받아야 하는 이유를 기재한 신청서와 함께 전세 계약서와 반송된 내용증명을 주민센터에 제출해 신청하면 된다.

임대인의 주민등록초본을 발급받은 후 주소지가 변동된 것이 확인된다면 최후 주소지로 다시 내용증명을 발송하고, 다시 보낸 내용증명도 반송된다면 '의사표시의 공시송달'을 신청해야 한다. 임대인의 주민등록초본을 발급받았는데 주소지 변동이 없는 경우에도 '의사표시의 공시송달'을 신청한다.

의사표시의 공시송달이란 법원의 게시판 또는 신문에 2주간(외국에서 할 송달은 2개월) 게재하면 임대인에게 도달이 된 것과 마찬가지의 효력을 발생하도록 하는 것이다. 만약 의사표시의 공시송달을 신청했는데, 임대인이 법원에서 보낸 서류를 받았다면 의사표시의 공시송달은 기각된다. 하지만 기각 결정문에 '이 사건 신청은 의사표시의 공시송달을 구하나, 피신청인에게 별지 기재 의사표시가 송달된 이상 이 사건 신청은 이유 없으므로 주문과 같이 결정한다'고 기재되므로 기각 결정문도 임대인에게 전세 계약 갱신 거절 의사표시가 도달했다는 증명 서류가 될 수 있다.

의사표시의 공시송달은 임대인의 최후 주소지를 관할하는 지방법원에 직접 방문해서 신청할 수도 있고 전자소송 홈페이지(https://ecfs.scourt.go.kr)를 통해 신청할 수도 있다.

갱신 거절 통지 방법② - 문자메시지 발송 및 회신 받기

'전세 계약을 갱신할 의사가 없고, 전세 계약상 기간이 만료됨에 따라 전세 계약을 종료하겠다'는 내용으로 임대인에게 문자메시지를 발송한다. 주택도시보증공사에서는 다음과 같은 내용으로 문자메시지를 주고받을 것을 요구하는데, 다른 보증보험사에서 가입한 임차인들도 참고하면 좋다.

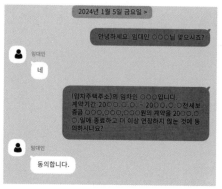

〈문자 예시〉

갱신 거절 통지 방법③ - 임대인과의 대화 녹취하기

제3자가 대화에 참여하지 않은 상태에서 타인 간의 대화를 동의 없이 녹음하는 것은 불법이지만, 대화 당사자의 한쪽이 상대방과의 대화를 녹음하는 것은 통신비밀보호법상 처벌의 대상이 되는 위법행위가 아니다. 따라서 임대인과 '전세 계약을 갱신하지 않고 기간 만료에 따라 전세 계약을 종료한다'는 통화를 하면서 이를 녹음하고, 그 파일을 공인된 속기사에게 의뢰해 녹취록을 작성해둔다.

그런데 만약, 임대인이 사망한 경우엔 어떻게 해야 할까?

임대인이 사망한 경우

종전에는 임대인의 상속인 전원에게 계약갱신 거절 통지를 해야 했다. 그러나 임차인 입장에서는 임대인의 상속인이 누구인지 확인하는 것부터 쉽지 않은 일이기 때문에 상속인 전원에게 통지를 하는 것은 매우 어려운 일이었다.

국토교통부에서 이러한 점을 보완하기 위해 2023년 10월경 임대인이 상속한 후 상속절차가 완료되지 않더라도 임차인들이 신속하게 후속 법적 조치를 할 수 있도록 대한법무사협회 소속 전문 법무사와 연계해 상속재산관리인 선임 청구를 지원하는 방안을 내놓았다. 상속재산관리인이 선임되면 임차인들은 상속재산관리인에게 계약갱신거절 통지를 하면 된다.

상속재산관리인 선임 지원사업은 정기공고 방식으로 진행된다. 공고는 안심전세포털(https://www.khug.or.kr/jeonse)에 접속해 상단 메뉴 중 [전세 피해자 지원-상속재산관리인 선임지원 신청]에서 확인할 수 있다. 공고 기간 내 안심전세포털, 경·공매지원센터, 전세피해지원센터, 주택도시보증공사에서 온라인, 방문, 우편접수가 가능하다.

다른 곳으로 전입신고 하거나 짐 빼기 절대 금지

이미 전세 사기를 당해 임대인으로부터 전세보증금을 돌려받는 것이 힘들어졌다 하더라도 경매 절차에서의 배당을 통해 다른 채권자보다 우선해서 전세보증금을 변제받으려면 대항력과 우선변제권을 유지하고 있어야 한다.

따라서 전세보증금을 변제받기 전에 다른 곳으로 전입신고를 하거나 이사를 가서는 안 된다는 점을 명심해야 한다.

부득이 짐을 빼야 한다면 임차권등기명령 신청하기

임대차가 종료된 후 임차인이 임차 주택에서 이사를 나가 주택에 대한 점유를 잃게 되면 대항력을 상실하게 된다. 그런데 임차인이 임차권등기명령을 신청해 임차 주택의 등기사항전부증명서에 임차권등기가 기입되면 임차인이 부득이 이사를 나가더라도 대항력과 우선변제권을 유지할 수 있게 된다.

HUG주택도시보증공사, SGI서울보증, HF한국주택금융공사는 모두 전세금 미반환 보증사고의 경우 임차권등기명령을 받아 임차권등기가 완료되면 임차인에게 보증금을 지급하고 있다. 임차권등기명령 신청 이후 결정이 나고 등기사항증명서에 기입될 때까지 적게는 일주일 이내부터 길게는 1개월 이상 소요되는 경우도 있으므로 가급적 빨리 신청하는 것이 좋다.

임차권등기명령은 만기일에 임대인으로부터 보증금을 반환받지 못했다면 다음 날부터 바로 신청할 수 있다. 임차권등기명령신청은 대법원 전자민원센터(https://help.scourt.go.kr)에서 양식을 다운받아 작성해서 직접 방문 접수할 수 있고, 대법원 전자소송 홈페이지를 통해 접수할 수도 있다.

주택도시보증공사에서는 임차인을 대신해서 임차권등기명령을 신청해주는 서비스(임차권등기명령 대위신청 제도)를 제공하고 있으니 주택도시보증공사의 전세보증금반환보증보험에 가입한 임차인들은 원하는 경우 주택도시보증공사에 임차권등기명령신청을 요청할 수 있다. SGI서울보증의 경우에도 임차인들로부터 위임을 받아 대신 임차권등기명령을 신청해준다.

주의할 점은 주택임차권등기가 등기사항전부증명서에 기입될 때까지 대항력과 우선변제권을 유지해야 하고, 등기가 완료된 이후 보증보험사의 동의 없이 말소하면 안 된다는 점이다. 임차인이 주택임차권등기가 마쳐지기 전에 이사를 가거나 다른 곳으로 전입신고를 해서 대항력과 우선변제권을 상실하면 보증이행을 거절당할 수 있다.

임차권등기가 완료되더라도 임대인의 이의제기 등으로 말소될 가능성이 없지 않고, 만에 하나 임차권등기가 말소된 경우 임차인이 이사를 했다면 대항력과 우선변제권을 상실하므로, 가급적 보증보험사로부터 보증금을 받기 전까지는 이사를 하거나 다른 곳으로 전입신고를 하지 않는 것이 좋다.

임차권등기명령 신청방법

① 대법원 전자소송 홈페이지(https://ecfs.scourt.go.kr) 접속, 회원가입 후 로그인

② 아래 화면에서 '서류제출' 선택 후 '서류검색' 선택

③ 검색란에 '임차권등기명령' 입력 후 검색 결과에서 '주택임차권등기명령신청
서' 선택

④ 전자소송 동의란 체크 후 '당사자 작성' 선택

⑤ 관할법원(임차 주택 소재지 관할 지방법원), 신청인(임차인), 피신청인(임대인), 신청취지와 신청원인 입력 후 '다음' 선택(신청취지와 신청원인 예시는 기본으로 입력되어 있음)

⑥ 첨부서류로는 건물등기사항증명서, 임차인의 주민등록초본, 확정일자부 임대차계약서 사본, 별지(부동산 목록, 전자소송 홈페이지에서 전자발급으로 제출할 경우 자동으로 생성)를 첨부하고 '등록' 선택 후 하단 '작성 완료' 선택

⑦ '소송비용납부'에서 납부방식은 '가상계좌' 선택, 납부당사자 및 납부인은 신청인 본인으로 선택, 가상계좌 납부은행 선택 후 인지송달료 납부

⑧ '제출' 선택 후 '접수증 출력' 선택, 접수증은 출력해서 보관

⑨ '대법원 나의 사건검색' 사이트에서 사건 정보 입력 후 진행 상황 확인. 보정명령이 나올 수 있으므로 전자소송 알림을 놓치지 않도록 주의(메일 또는 문자 메시지 알림)

〈이미지 출처 : 대법원 전자소송〉

전세보증보험 이행 청구하기

주택도시보증공사와 한국주택금융공사의 전세보증금반환보증보험에 가입한 임차인들은 보증사고(전세 계약이 종료되었음에도 임대인으로부터 전세 보증금을 돌려받지 못한 경우) 발생일로부터 2개월이 되는 시점까지 보증이행을 신청할 수 있다. SGI서울보증은 전세 계약 종료 다음 날 바로 신청이 가능하고 약관상 정해진 기한은 없다. 보증이행을 신청할 때 각

HUG주택도시보증공사	SGI서울보증	HF한국주택금융공사
① 보증채무이행청구서(공사소정양식)	**[기본 제출 서류]**	① 보증채무이행청구서(공사소정양식)
② 확정일자 있는 전세계약서 원본(전세금안심대출보증 가입자의 경우 사본)	① 보험금 청구서 ② 인감증명서 ③ 통장사본	② 신분증 사본(주민등록증, 운전면허증, 여권 중 택1)
③ 주민등록등본/초본(주소변동 내역 포함)	**[손해 입증 서류]**	③ 임대차 계약이 해지 또는 종료되었음을 증명하는 서류(내용증명 우편 등)
④ 전세계약이 해지 또는 종료되었음을 증명하는 서류	① 임대차계약서 및 임차보증금 지급영수증(입금증, 영수증 등)	④ 경·공매 절차의 경우 배당표 등 임대차보증금 미수령액을 증명하는 서류
⑤ 주택임차권등기 결정문 및 주택임차권등기를 마친 등기사항전부증명서	② 임차목적물의 부동산등기부등본(청구시점 1개월 내 발급)	⑤ 인도확인서 또는 퇴거예정확인서(공사소정양식)
⑥ 대위변제증서	③ 임차인의 주민등록등본(청구시점 1개월 내 발급)	⑥ 임차보증금에 대한 권리침해유무확인서(공사소정양식)
⑦ 계좌입금의뢰서(임차인이 보증금 반환 받을 통장 사본 첨부)	④ 임대인에게 임차보증금 반환을 독촉한 사실을 증명하는 서류	⑦ 임차인 명의의 통장 사본, 임차권등기명령결정문 사본 또는 접수증
⑧ 경매 또는 공매가 진행된 경우 배당표 등 전세보증금 중 미수령액을 증명하는 서류	⑤ 임대차 계약 해지통보서	⑧ 확정일자부 임대차계약서 원본
⑨ 명도확인서 및 퇴거(예정)확인서	⑥ 임차목적물의 명도를 확인할 수 있는 서류 또는 임차인의 주택명도확약서	⑨ 3개월 이내 발급된 임차인 인감증명서, 인감도장
⑩ 주택임차권등기명령취하 및 해제신청서와 관련 위임장	⑦ (보험금 수령 시) 임차보증금 권리이전통지서	⑩ 최근 5년 주소가 포함되어 1개월 이내 발급한 주민등록등본 또는 초본
⑪ 경매 또는 공매가 진행된 경우 배당금 수령 관련 위임장	⑧ 기타 심사 시 필요서류	⑪ 공사가 요구하는 그밖의 서류(임대차계약서 원본) 등
⑫ 인감증명서(1개월 내 발급분) 2부 및 신분증 사본	**[사안에 따른 제출 서류]**	
⑬ 공사가 요구하는 그 밖의 서류(보증금을 임대인에게 입금한 입금내역)	① (청구자 개인인 경우) 임차권등기 명령신청에 필요한 서류, 보험금 청구를 위한 필수 동의서	
	② (경매로 경락된 경우) 배당관련 서류 (배당표등본 등)	
	③ (가입 시 보험료 할인받은 경우) 임차인의 주민등록등본/초본, 전입세대열람 내역	
	④ (사후 채권양도 약정 시) 채권양도 약정서 및 통지위임장, 임차권 등기신청서, 법무사 위임장	

보증보험사에 제출해야 하는 서류는 132쪽 표와 같다. 다만 개별 사안마다 보증보험사에서 요구하는 추가 서류는 다를 수 있으니 정확한 것은 보증보험사의 안내에 따른다.

전세금 반환소송 및 경매 신청하기

전세 계약이 종료되었음에도 임대인으로부터 전세보증금을 반환받지 못했다면 전세보증금반환보증보험에 가입돼 있어 보증보험사로부터 전세보증금 전액을 지급받는 경우가 아닌 한 임대인을 상대로 전세보증금반환청구의 소를 제기해 확정판결을 받은 후 임차 목적물에 경매를 신청하는 것이 현실적으로는 최선의 방법이다.

다만 임차 목적물에 임대인의 세금 체납으로 인한 압류가 있거나, 유찰로 인해 경락가가 하락하는 경우 임차인으로서는 배당절차에서 전세보증금의 일부를 변제받지 못하는 경우가 발생할 수도 있다. 이러한 이유로 때로는 임차인이 배당받을 전세보증금으로 경락(낙찰)대금을 상계[1]하는 조건으로 경매 절차에서 직접 경락(낙찰)받기도 한다.

---

1) 채무자와 채권자가 같은 종류의 채무와 채권을 가지는 경우에, 일방적 의사 표시로 서로의 채무와 채권을 같은 액수만큼 소멸함

다른 사람이 경매를 신청한 경우

다른 사람의 경매신청으로 인해 경매가 진행되는 경우에는 임차인은 임차 주택의 배당요구종기일까지 반드시 법원에 직접 '권리신고 및 배당요구신청서'를 제출해 배당요구를 해야 한다(공매의 경우에는 자산관리공사).

임차인이 권리신고 및 배당요구신청서를 제출해 배당요구를 했다면, 이후 배당기일에 직접 참석해서 배당표를 받고, 배당표가 확정되면 배당금을 수령하면 된다.

2019년 서울 강서구 화곡동 빌라촌에서 시작된 전세 사기가 본격적으로 이슈화된 지도 벌써 2년여, 여전히 전세 사기의 광풍은 멈출 줄을 모른다. 자고 일어나면 전세 사기로 피해를 봤다는 안타까운 뉴스들이 계속해서 들려온다. 불안하다. 가뜩이나 경제적으로 힘든 상황에서 '어떻게 하면 젊은이들이 안전하게 자립의 길을 찾을 수 있을까?'하는 고민과 나름의 해결책을 간절한 마음으로 이 책의 한 페이지 한 페이지에 담았다. 이제 그 끝에 도달한 지금, 이 책이 새롭게 출발하는 젊은이들에게 완벽한 안전판이 되어줄 수 있다고 장담할 수는 없다. 다만, 그들이 자립의 한 발을 떼는 데 있어 작은 디딤돌 역할은 할 수 있지 않을까하는 작은 희망은 갖고 있다.

    이제는 제발 이 지긋지긋한 전세 사기의 광풍이 잦아들고, 젊은이들이 하루 일과에 지친 심신을 편히 쉴 수 있는 보금자리를 아무 걱정 없이 안전하게 마련할 수 있는 날이 하루빨리 오기를 간절히 바라본다.

전세 계약 단계별 체크리스트

1. 매물 탐색부터 계약서 작성 전까지 단계에서

체크할 사항	색인	확인란	메모
해당 매물에 가압류, 가처분, 압류, 근저당권, 임차권 등이 등기되어 있는지 확인	53쪽		
위반건축물은 아닌지 확인	33,44쪽		
위반건축물이라 이행강제금이 부과됐는지 확인	48쪽		
해당 매물의 매매시세 대비 전세가는 적정한지 확인	55쪽		
해당 매물이 전세보증금반환증보험 가입 가능한지 확인	60,73쪽		
매물을 결정하는 사이 소유자가 변경됐거나 새로 기입된 근저당권, 압류 또는 가압류, 가처분, 임차권등기 등 권리 침해 사항이 발생했는지 확인	53쪽		
집주인이 체납·미납한 국세/지방세 등 세금이 있는지 확인	62쪽		
중개사가 제대로 등록이 된 공인중개사인지 확인	88쪽		
전세 계약 특약 사항 협의(140쪽 필수 특약 모음 참고)	68쪽		

2. 계약 체결 단계에서

체크할 사항	색인	확인란	메모
해당 매물의 소유자가 변경되거나 새로 기입된 근저당권, 압류 또는 가압류, 가처분, 임차권등기 등 권리 침해 사항이 발생했는지 확인	53, 79쪽		
해당 매물이 다가구주택인 경우 확정일자 부여 현황 확인	52,93쪽		
해당 매물이 다가구주택인 경우 전입세대확인서 열람 확인	94쪽		
집주인과 대면 계약 시 계약을 체결하는 임대인과 등기사항전부증명서상 소유권자로 기재된 사람이 동일인인지 확인	80쪽		
집주인의 대리인과 계약을 체결한다면 위임장, 집주인의 인감증명서 또는 본인서명사실확인서(발급일자 3개월 이내), 임대인의 신분증 사본, 대리인의 신분증 사본 등을 구비했는지 확인	81쪽		
매물을 결정하는 사이 소유자가 변경됐거나 새로 기입된 근저당권, 압류 또는 가압류, 가처분, 임차권등기 등 권리 침해 사항이 발생했는지 확인	53, 79쪽		
집주인의 대리인과 계약을 체결한다면 집주인 본인과 영상통화 또는 유선통화로 임대의사 확인(녹음)	86쪽		
계약서에 전세계약기간, 보증금 지급일, 입주일(임차주택 인도일)이 임대인과 합의한 대로 기재됐는지 확인			
임차할 주택의 주소와 등기사항증명서, 건축물대장의 주소가 일치하는지 확인	87쪽		
임대인, 임차인, 공인중개사의 인적 사항이 제대로 기재됐는지 확인	88쪽		
협의한 특약사항이 빠짐없이 기재됐는지 확인	89쪽		
계약금 입금 계좌가 임대인의 명의인지 확인	90쪽		
부동산 중개수수료 협의	91쪽		

3. 잔금 지급 전부터 이사 단계에서

체크할 사항	색인	확인란	메모
전세 계약 체결일로부터 30일 이내 전월세 계약 신고하기	96쪽		
잔금 지급 전 임차 주택의 소유자가 변경되거나 새로 기입된 근저당권, 압류 또는 가압류, 가처분, 임차권등기 등 권리 침해 사항이 발생했는지 확인	53, 92쪽		
임차 주택이 다가구주택인 경우 확정일자 부여 현황 확인	93쪽		
임차 주택이 다가구주택인 경우 전입세대확인서 열람 확인	94쪽		
전세 계약서에 확정일자 받기	96쪽		
이사 당일 다시 임차 주택의 소유자가 변경되거나 새로 기입된 근저당권, 압류 또는 가압류, 가처분, 임차권등기 등 권리 침해 사항이 발생했는지 확인	53, 92쪽		
종전 임차인의 공과금 정산 여부 확인	95쪽		
임대인과 협의한 옵션 및 수리 여부 확인	96쪽		
잔금도 임대인 명의의 계좌로 입금하기	95쪽		
(가능한 경우) 임대인이 자필 서명, 날인한 영수증 받아두기	95쪽		
이사 완료 후 중개수수료 공인중개사에게 지급	99쪽		
이사 당일 임차 주택 소재지 관할 주민센터에서 전입신고하기	96쪽		
전세보증금반환보증보험 가입하기	99, 100쪽		

4. 특약 사항 협의 단계에서

체크할 사항	색인	확인란	메모
권리관계 변동에 관한 사항	68쪽		
계약 종료 후 보증금 즉시 반환 조건	69쪽		
임대인이 다른 사람에게 임차 주택을 매도할 경우 임차인에 대한 통지의무 조건	70쪽		
계약 체결 후 세금 체납 사실 발견 시 계약 해지 및 보증금 반환 조건	72쪽		
전세보증금반환보증보험의 가입 조건	73쪽		
옵션 기기에 대한 세부 사항 협의	74쪽		
하자 유무 확인	74쪽		
수선비용 부담 및 원상복구 기준 사전 협의	75쪽		
전세 계약 기간 만료 전 계약을 해지할 경우를 대비한 중개 수수료의 부담 협의	77쪽		
다가구주택의 선순위 보증금 내역 확인 요구 및 위반 시 계약 해제 조건	78쪽		

전세 사기를 막기 위한
필수 특약 모음(작성 예시)

○본 계약은 임차인의 전세 자금 대출 실행을 전제로 하며, 임대인 또는 임차 목적물의 하자로 인한 전세 자금 대출 미승인 시 계약은 무효로 하며, 임대인은 계약금을 즉시 반환한다.

○임대인은 임차인의 전세보증보험 가입에 필요한 절차에 적극 협조하며, 임대인 또는 임차 목적물의 하자로 인한 보증보험 가입 미승인 시 계약은 무효로 하며 임대인은 계약금, 중도금, 잔금 등 지급한 금원을 즉시 반환한다.

○임대인은 잔금지급일 다음날까지 담보권이나 전세권 등 새로운 권리를 발생시키지 않는다.

○임대인은 잔금 지급일 또는 보증보험 가입 예정일 당일까지 소유권이전등기를 신청하지 않는다. (전세보증보험 등의 심사과정에서 소유권이 바뀌거나 하면 일정 연기, 가입 불가 등 우발상황이 발생할 수 있음)

○임대인은 국세나 지방세, 근저당권의 이자 체납이 없음을 고지하며, 임차인이 세금 체납 내역을 확인하는 것에 적극 협조한다. 만일 세금 체납이 확인되는 경우 잔금일 이전까지 체납액 전액을 상환하며, 만약 이를 위반할 경우에는 계약은 무효로 하고 지급한 계약금은 즉시 반환한다.

○임대인은 임대차 계약기간 중 매매계약을 체결할 경우, 반드시 임차인에게 고지해야 한다. (고지를 받은 임차인이 새로운 임대인을 신뢰할 수 없다면, 임차인은 임대인 지위 승계를 거부할 수 있음)